Learn Dutch with Woke Fairy Tales

HypLern Interlinear Project
www.hyplern.com

First edition: 2025, November

Author: Kees van den End
Translation: Kees van den End
Foreword: Camilo Andrés Bonilla Carvajal PhD

ISBN: 978-1-989643-94-5

kees@hyplern.com
www.hyplern.com

Learn Dutch with Woke Fairy Tales

Interlinear Dutch to English

Author
Kees van den End

Translation
Kees van den End

HypLern Interlinear Project
www.hyplern.com

The HypLern Method

Learning a foreign language should not mean leafing through page after page in a bilingual dictionary until one's fingertips begin to hurt. Quite the contrary, through everyday language use, friendly reading, and direct exposure to the language we can get well on our way towards mastery of the vocabulary and grammar needed to read native texts. In this manner, learners can be successful in the foreign language without too much study of grammar paradigms or rules. Indeed, Seneca expresses in his sixth epistle that "Longum iter est per praecepta, breve et efficax per exempla[1]."

The HypLern series constitutes an effort to provide a highly effective tool for experiential foreign language learning. Those who are genuinely interested in utilizing original literary works to learn a foreign language do not have to use conventional graded texts or adapted versions for novice readers. The former only distort the actual essence of literary works, while the latter are highly reduced in vocabulary and relevant content. This collection aims to bring the lively experience of reading stories as directly told by their very authors to foreign language learners.

Most excited adult language learners will at some point seek their teachers' guidance on the process of learning to read in the foreign language rather than seeking out external opinions. However, both teachers and learners lack a general reading technique or strategy. Oftentimes, students undertake the reading task equipped with nothing more than a bilingual dictionary, a grammar book, and lots of courage. These efforts often end in frustration as the student builds mis-constructed nonsensical sentences after many hours spent on an aimless translation drill.

Consequently, we have decided to develop this series of interlinear translations intended to afford a comprehensive edition of unabridged texts. These texts are presented as they were originally written with no changes in word choice or order. As a result, we have a translated piece conveying the true meaning under every word from the original work. Our readers receive then two books in just one volume: the original version and its translation.

The reading task is no longer a laborious exercise of patiently decoding unclear and seemingly complex paragraphs. What's more, reading becomes an enjoyable and meaningful process of cultural, philosophical and linguistic learning. Independent learners can then acquire expressions and vocabulary while understanding pragmatic and socio-cultural dimensions of the target language by reading in it rather than reading about it.

Our proposal, however, does not claim to be a novelty. Interlinear translation is as old as the Spanish tongue, e.g. "glosses of [Saint] Emilianus", interlinear bibles in Old German, and of course James Hamilton's work in the 1800s. About the latter, we remind the readers, that as a revolutionary freethinker he promoted the publication of Greco-Roman classic works and further pieces in diverse languages. His effort, such as ours, sought to lighten the exhausting task of looking words up in large glossaries as an educational practice: "if there is any thing which fills reflecting men with melancholy and regret, it is the waste of mortal time, parental money, and puerile happiness, in the present method of pursuing Latin and Greek[2]".

Additionally, another influential figure in the same line of thought as Hamilton was John Locke. Locke was also the philosopher and translator of the Fabulae AEsopi in an interlinear plan. In 1600, he was already suggesting that interlinear texts, everyday communication, and use of the target language could be the most appropriate ways to achieve language learning:

> ...the true and genuine Way, and that which I would propose, not only as the easiest and best, wherein a Child might, without pains or Chiding, get a Language which others are wont to be whipt for at School six or seven Years together...[3]

---

1   "The journey is long through precepts, but brief and effective through examples". Seneca, Lucius Annaeus. (1961) Ad Lucilium Epistulae Morales, vol. I. London: W. Heinemann.

2   In: Hamilton, James (1829?) History, principles, practice and results of the Hamiltonian system, with answers to the Edinburgh and Westminster reviews; A lecture delivered at Liverpool; and instructions for the use of the books published on the system. Londres: W. Aylott and Co., 8, Pater Noster Row. p. 29.

3   In: Locke, John. (1693) Some thoughts concerning education. Londres: A. and J. Churchill. pp. 196-7.

Who can benefit from this edition?

We identify three kinds of readers, namely, those who take this work as a search tool, those who want to learn a language by reading authentic materials, and those attempting to read writers in their original language. The HypLern collection constitutes a very effective instrument for all of them.

1. For the first target audience, this edition represents a search tool to connect their mother tongue with that of the writer's. Therefore, they have the opportunity to read over an original literary work in an enriching and certain manner.
2. For the second group, reading every word or idiomatic expression in its actual context of use will yield a strong association between the form, the collocation, and the context. This will have a direct impact on long term learning of passive vocabulary, gradually building genuine reading ability in the original language. This book is an ideal companion not only to independent learners but also to those who take lessons with a teacher. At the same time, the continuous feeling of achievement produced during the process of reading original authors both stimulates and empowers the learner to study[1].
3. Finally, the third kind of reader will notice the same benefits as the previous ones. The proximity of a word and its translation in our interlinear texts is a step further from other collections, such as the Loeb Classical Library. Although their works might be considered the most famous in this genre, the presentation of texts on opposite pages hinders the immediate link between words and their semantic equivalence in our native tongue (or one we have a strong mastery of).

---

1 Some further ways of using the present work include:

1. As you progress through the stories, focus less on the lower line (the English translation). Instead, try to read through the upper line, staying in the foreign language as long as possible.
2. Even if you find glosses or explanatory footnotes about the mechanics of the language, you should make your own hypotheses on word formation and syntactical functions in a sentence. Feel confident about inferring your own language rules and test them progressively. You can also take notes concerning those idiomatic expressions or special language usage that calls your attention for later study.
3. As soon as you finish each text, check the reading in the original version (with no interlinear or parallel translation). This will fulfil the main goal of this

collection: bridging the gap between readers and original literary works, training them to read directly and independently.

Why interlinear?

Conventionally speaking, tiresome reading in tricky and exhausting circumstances has been the common definition of learning by texts. This collection offers a friendly reading format where the language is not a stumbling block anymore. Contrastively, our collection presents a language as a vehicle through which readers can attain and understand their authors' written ideas.

While learning to read, most people are urged to use the dictionary and distinguish words from multiple entries. We help readers skip this step by providing the proper translation based on the surrounding context. In so doing, readers have the chance to invest energy and time in understanding the text and learning vocabulary; they read quickly and easily like a skilled horseman cantering through a book.

Thereby we stress the fact that our proposal is not new at all. Others have tried the same before, coming up with evident and substantial outcomes. Certainly, we are not pioneers in designing interlinear texts. Nonetheless, we are nowadays the only, and doubtless, the best, in providing you with interlinear foreign language texts.

Handling instructions

Using this book is very easy. Each text should be read at least three times in order to explore the whole potential of the method. The first phase is devoted to comparing words in the foreign language to those in the mother tongue. This is to say, the upper line is contrasted to the lower line as the following example shows:

"En	wat	heb	je	daar	onder	je	schortje?"
And	what	have	you	there	under	your	little apron

The second phase of reading focuses on capturing the meaning and sense of the original text. As readers gain practice with the method, they should be able to focus on the target language without getting distracted by the translation. New users of the method, however, may find it helpful to cover the translated lines with a piece of paper as illustrated in the image below. Subsequently, they try to understand the meaning of every word, phrase, and entire sentences in the target language itself, drawing on the translation only when necessary. In this phase, the reader should resist the temptation to look at the translation for every word. In doing so, they will find that they are able to understand a good portion of the text by reading directly in the target language, without the crutch of the translation. This is the skill we are looking to train: the ability to read and understand native materials and enjoy them as native speakers do, that being, directly in the original language.

"En wat heb je daar onder je schortje?"
And what have y

In the final phase, readers will be able to understand the meaning of the text when reading it without additional help. There may be some less common words and phrases which have not cemented themselves yet in the reader's brain, but the majority of the story should not pose any problems. If desired, the reader can use an SRS or some other memorization method to learning these straggling words.

"En wat heb je daar onder je schortje?"

Above all, readers will not have to look every word up in a dictionary to read a text in the foreign language. This otherwise wasted time will be spent concentrating on their principal interest. These new readers will tackle authentic texts while learning their vocabulary and expressions to use in further communicative (written or oral) situations. This book is just one work from an overall series with the same purpose. It really helps those who are afraid of having "poor vocabulary" to feel confident about reading directly in the language. To all of them and to all of you, welcome to the amazing experience of living a foreign language!

Additional tools

Check out shop.hyplern.com or contact us at info@hyplern.com for free mp3s (if available) and free empty (untranslated) versions of the eBooks that we have on offer.

For some of the older eBooks and paperbacks we have Windows, iOS and Android apps available that, next to the interlinear format, allow for a pop-up format, where hovering over a word or clicking on it gives you its meaning. The apps also have any mp3s, if available, and integrated vocabulary practice.

Visit the site hyplern.com for the same functionality online. This is where we will be working non-stop to make all our material available in multiple formats, including audio where available, and vocabulary practice.

Table of Contents

Roodjasje
Red-little-jacket (Little red jacket)

Roodjasje
Red-little-jacket

Er   was   eens   een   lief   klein   meisje;   iedereen   die
There   was   once   a   dear   little   girl   everyone   that
                                sweet

haar   zag   hield   veel   van   haar,   maar   haar
her   saw   held   much   of   her   but   her
                           loved her much

grootmoeder   wel   het   allermeest,   en   die   wist
grandmother   well   the   most of all   and   that one knew
                indeed   she

eenvoudig   niet,   wat   ze   het   kind   allemaal   zou
simply   not   what   she   the   child   all   would

willen   geven.
want   to give

Op   een   keer   gaf   ze   haar   een   rood   fluwelen
On   a   time   gave   she   her   a   red   velvety
Once

jasje,   en   omdat   het   haar   zo   goed   stond   en   ze
little jacket and   because   it   her   so   good   stood   and   she
                                        on her   looked

nooit — never
meer — (any)more
iets — anything
anders — else
droeg, — wore
werd — became
ze — she

voortaan — from now on
enkel — only
maar — just
Roodjasje — Red-little-jacket
genoemd. — called

Op — On / One
een — a
dag — day
zei — said
haar — her
moeder: — mother
"Kom, — Come
Roodjasje, — Little red jacket

hier — here
heb — have
je — you
een — a
stuk — piece
worst — (of) sausage
en — and
een — a
groot — big
mes — knife

om — for
het — it
te — to
snijden, — cut
breng — bring
dat — that
eens — once / now
naar — to
je — your

grootmoeder. — grandmother
Ze — She
is — is
zwak — weak
en — and
ziek — sick
en — and
het — it
zal — shall
haar — her

goed — well
doen. — do
Ga — Go
er — there
heen — to
voor — before
het — it
te — too
warm — warm

wordt, — becomes
en — and
als — when
je — you
het — the
dorp — village
uit — out
bent, — are
loop — walk
dan — then

netjes — neatly / correctly
en — and
ga — go
niet — not
van — from
het — the
pad — path
af, — off
want — because
anders — otherwise

don't stray from the path

val je nog en snij je jezelf nog, en dan heeft
fall you still and cut you yourself still and then has
    indeed

grootmoeder geen kleinkind meer. En als je
grandmother no grandchild (any)more And when you

bij haar binnen komt, niet vergeten dadelijk
at her inside come not forget immediately
    enter don't

goedendag te zeggen en niet eerst overal
good day to say and not first everywhere

rondsnuffelen."
to sniff around
to poke around

"Ik zal goed oppassen," zei Roodjasje tegen haar
I shall good take care said Little red jacket to her

moeder en ze gaf er haar de hand op.
mother and she gave there her the hand on
    swore it

Grootmoeder woonde buiten in het bos, een half
Grandmother lived outside in the forest a half

uur van het dorp vandaan. Toen Roodjasje in
hour from the village away When Little red jacket in

het **bos** **was** **gekomen,** **kwam** **ze**
the · forest · was / had · come / arrived · came / ran · she

een **monster** **tegen.** **Zijn** **naam** **was** **meneer** **Wolf.**
a / into a monster · monster · against · His · name · was · Mr. · Wolf

Roodjasje **wist** **niet** **dat** **het** **een** **gevaarlijke**
Little red jacket · knew · not · that · it · a · dangerous

meneer **was** **en** **bang** **was** **ze** **al** **helemaal** **niet.**
gentleman · was · and · afraid · was · she · already · totally / at all · not

"Goedemorgen, **Roodjasje,"** **zei** **hij.**
Good morning · Little red jacket · said · he

"Dag, **meneer** **Wolf."**
Day / Goodday · mister · Wolf

"En **waar** **ga** **je** **zo** **vroeg** **naar** **toe,** **Roodjasje?"**
And · where · go · you · so · early · to- · wards · Little red jacket

"Naar **grootmoeder,** **meneer** **Wolf."**
To · grandmother · mister · Wolf

"En **wat** **heb** **je** **daar** **onder** **je** **schortje?"**
And · what · have · you · there · under · your · little apron

"Een worst," zei Roodjasje en liet de worst zien.
A sausage said Little red jacket and let the sausage show
showed the sausage

Toen haalde ze haar grote mes tevoorschijn en
Then fetched she her big knife into view and
showed -

zei, "We hebben gisteren gemalen,
said We have yesterday grinded

gestopt en gebakken en grootmoeder is wat
stuffed and baked and grandmother is (some)what
(process for sausage making) a little

zwak en ziek en hiermee kan ze wat
weak and sick and here with can she somewhat
with this

op krachten komen."
on forces come
strength regain

Meneer Wolf keek naar het mes en stapte
Mister Wolf looked at the knife and stepped

wat achteruit. "Zeg Roodjasje, waar woont
(some)what backwards Say Little red jacket where lives
a little

je grootmoeder dan?"
your grandmother then

"Nog ruim een kwartier lopen verder het
Still more than a quarter of an hour walk further the

bos in, onder de drie grote eiken staat haar
forest in under the three large oaks stands her

huisje, en beneden is een notenhaag, je kent
little house and down is a nut hedge you know
cottage

het vast wel," zei Roodjasje.
it probably well said Little red jacket
surely

Meneer Wolf dacht bij zichzelf: "Dat jonge malse
Mister Wolf thought at himself That young tender

ding is een heerlijk hapje, dat zal nog beter
thing is a delightful little bite that shall still better

smaken dan die oude vrouw; als je slim en veilig
taste than that old woman if you smart and safe

te werk gaat, kan je ze allebei pakken."
to work go can you them both get

Hij bleef nog een poosje naast Roodjasje
He remained still a little while next to Little red jacket

meelopen, en zei: "Kijk, Roodjasje, wat een
walk along and said Look Little red jacket what a
such

mooie bloemen overal, waarom kijk je niet wat
beautiful flowers everywhere why look you not what
a little

om je heen? En heb je wel in de gaten
around yourself away And have you well in the holes
noticed

hoe heerlijk de vogels zingen? Jij loopt maar
how delightful the birds sing You walk just

recht toe recht aan alsof je snel naar school
straight to straight on as if you quickly to school

moet en dat terwijl het hier vandaag zo
must and that while it here today so

verrukkelijk is."
delectable is
lovely

Roodjasje keek eens rond en toen ze zag hoe
Little red jacket looked once around and when she saw how

de zonnestralen door de bomen dansten en
the sun rays through the trees danced and

hoeveel mooie bloemen er overal stonden,
how many beautiful flowers there everywhere stood

dacht ze: "Als ik voor grootmoeder een mooi
thought she If I for grandmother a beautiful

boeketje meebreng zal ze dat heerlijk vinden; het
bouquet bring shall she that delightful find it

is nog zo vroeg, dat ik toch wel op tijd kom." En
is still so early that I still well on time come And

ze ging van het pad af tussen de bomen om
she went from the path off between the trees for

bloemen te plukken. En telkens als ze er één
flowers to pick And each time as she there one

geplukt had, dacht ze dat er verderop nog een
picked had thought she that there further still a

mooiere stond en zo raakte ze steeds dieper
more beautiful stood and so hit she continually deeper
got

het bos in.
the forest in

Maar meneer Wolf ging recht toe recht aan naar
But mister Wolf went straight to straight on to

het huis van grootmoeder en klopte aan de deur.
the house of grandmother and knocked on the door

"Wie is daar?"
Who is there

- "Roodjasje, met een koek en met wijn, doe de
Little red jacket with a cake and with wine do the

deur maar open!"
door just open

- "Druk maar op de klink," riep grootmoeder, "ik
Press just on the handle called grandmother I

ben te zwak en kan niet opstaan."
am too weak and can not get up

Meneer Wolf drukte op de klink, de deur sprong
Mister Wolf pressed on the handle the door jumped

open, en zonder één woord te zeggen sprong hij
open and without one word to say jumped he

naar het bed en at de grootmoeder op. Toen
to · the · bed · and · ate · the · grandmother · up · Then

trok hij haar kleren aan, zette haar nachtmuts op,
pulled · he · her · clothes · on · put · her · nightcap · on

ging in haar bed liggen en trok de gordijnen
went · in · her · bed · lie · and · pulled · the · curtains

dicht.
closed

Roodjasje had ondertussen een heleboel bloemen
Little red jacket · had · meanwhile · a · lot (of) · flowers

geplukt en toen ze er geen één meer kon
picked · and · when · she · there · no · one · more · could

dragen, dacht ze weer aan grootmoeder en ging
carry · thought · she · again · to · grandmother · and · went

ze op weg naar haar toe. Ze was verbaasd
she · on · (the) road · to · her · towards · She · was · surprised

dat de deur openstond en toen ze de kamer
that · the · door · open stood / was open · and · when · she · the · room

binnenkwam, vond ze het er zo vreemd dat ze
inside came / found / she / it / there / so / strange / that / she
entered / / / / / / weird

dacht: "Wat vind ik het hier griezelig vandaag,
thought / What / find / I / it / here / creepy / today
/ does it feel / / / creepy here

terwijl ik hier anders zo graag ben."
while / I / here / otherwise / so / eagerly / am
/ / / / like it so much

Ze riep: "Goedemorgen," maar er kwam geen
She / called / Good morning / but / there / came / no

antwoord. Toen liep ze naar het bed en schoof
answer / Then / walked / she / to / the / bed / and / shoved
/ / / / / / / pushed

de gordijnen opzij. Daar lag grootmoeder met haar
the / curtains / aside / There / lay / grandmother / with / her

muts over haar gezicht en ze zag er erg
hat / over / her / face / and / she / saw / there / very
/ / / / / looked / -

vreemd uit. "O grootmoeder, wat heb je grote
strange / out / Oh / grandmother / what / have / you / large
/ -

oren!"
ears

"Dat is om je beter te kunnen horen."
That is for you better to be able to hear

"Maar grootmoeder, wat heb je grote ogen!"
But grandmother what have you large eyes

"Dat is om je beter te kunnen zien."
That is for you better to be able to see

"Maar grootmoeder, wat heb je grote handen!"
But grandmother what have you large hands

"Dat is om je beter te kunnen pakken."
That is for you better to be able to get

"Maar grootmoeder, wat heb je een verschrikkelijk
But grandmother what have you a terribly

grote mond!"
large mouth

"Dat is om je beter op te kunnen vreten." En
That is for you better up to be able to eat And

nauwelijks had meneer Wolf dat gezegd of hij
hardly had mister Wolf that said or he

sprong	uit	bed	en	verslond	het	arme
jumped	out (of)	(the) bed	and	devoured	the	poor

Roodjasje	in	één	hap.
Little red jacket	in	one	bite

Toen	meneer	wolf	zo	zijn	honger	gestild	had	ging
When	mister	Wolf	so	his	hunger	appeased	had	went

hij	weer	heerlijk	in	het	bed	liggen,	sliep	in	en
he	again	delightful	in	the	bed	lie	slept in fell asleep	in	and

begon	heel	hard	te	snurken.	Toen	kwam	net	de
began	very	hard loud	to	snore	Then	came	just	the

jager	voorbij	en	toen	ze	het	gesnurk	hoorde
hunter	past	and	when	she	the	snoring	heard

dacht	ze:	"Wat	snurkt	dat	oude	mens	hard,	ik	zal
thought	she	What	snores	that	old	woman	hard, loud	I	shall

eens	kijken	of	haar	wat	mankeert."
once	look	if	her	anything	lacks is wrong with

Zij	kwam	in	de	kamer	en	toen	ze	voor	het
She	came	into	the	room	and	when	she	in front of	the

bed stond zag zij dat meneer Wolf erin lag.
bed stood saw she that mister Wolf there-in lay
in it

"Vind ik je hier, ouwe boosdoener," zei zij, "ik heb
Find I you here old evil-doer said she I have

lang naar je gezocht." Zij wilde net gaan schieten,
long to you sought She wanted just go shoot
for

maar toen zij haar geweer richtte bedacht zij
but when she her rifle raised thought again she
realized

zich ineens dat het monster de oude vrouw
herself suddenly that the monster the old woman

misschien had opgegeten en dat ze misschien nog
maybe had eaten and that she maybe still

te redden was.
to save was

Dus ze schoot niet maar begon met een schaar
So she shot not but began with a scissor(s)

de buik van de slapende meneer open te knippen.
the belly of the sleeping gentleman open to cut

Na een paar knippen zag zij een rood kapje
After a few cuts saw she a red little cap

glimmen en na nog een paar knippen sprong het
shine and after still a few cuts jumped the

meisje eruit en riep: "O, wat ben ik bang
girl out of it and called Oh what am I afraid
have

geweest, wat was het donker in de buik van dat
been what was it dark in the belly of that

monster!"
monster

En toen kwam de oude grootmoeder ook nog
And then came the old grandmother also still

levend tevoorschijn, al kon ze haast niet
living into view already could she almost not
alive

ademen. Roodjasje haalde snel een paar grote
breathe Little red jacket fetched quickly a few large

stenen die ze in de buik van de meneer stopten
stones that she in the belly of the gentleman stuffed

en toen hij wakker werd, wilde hij wegspringen,
and when he awake became wanted he to jump away

maar de stenen waren zo zwaar dat hij
but the stones were so heavy that he

onmiddellijk viel en dood was.
immediately fell and dead was

Nu waren ze alle drie blij. De jager stroopte de
Now were they all three happy The hunter skinned the

pels van het monster af en trok daarmee
fur of the monster off and pulled there-with
                                   moved (with that)

naar huis, de grootmoeder at de worst en dronk
to house the grandmother ate the sausage and drank
home

van het water, dat Roodjasje voor haar uit de
from the water that Little red jacket for her out the
                                                    from

put haalde, en die maakte haar beter. Maar
well fetched and that made her better But

Roodjasje dacht: "Zolang ik leef, zal ik nooit
Little red jacket thought So long I live shall I never

meer alleen van het pad afgaan en het bos
more alone from the path go off and the forest
anymore

inlopen, wanneer mijn moeder dat verboden heeft."
walk in when my mother that forbidden has

Meneer Wolf en de Zeven Kinderen
Mister Wolf and the Seven Children

Meneer Wolf en de Zeven Kinderen
Mister Wolf and the Seven Children

Voor het geval je het niet wist: De broer van de
For the case you it not knew The brother of the
    In case

meneer Wolf die door de jager werd gedood
mister Wolf who through the hunter became killed
        by   was   shot

was de verschrikkelijke ex van een alleenstaande
was the terrible ex of an alone-standing
                      a   single

moeder. Dus, eens op een keer was er eens
mother So, once (up)on a time was there once

een jonge alleenstaande moeder die zeven jonge
a young alone-standing mother who seven young
          single

kinderen had en zij had ze lief zoals een
children had and she had them dear like a
loved them

moeder haar kinderen lief heeft.
mother her children dear has
loves

Op een dag wilde zij de stad ingaan om voedsel
On a day wanted she the city enter for food
go to

te halen: zij riep ze alle zeven bij elkaar en
to fetch she called them all seven at each other and
together

zei: "Lieve kinderen, ik ga naar de stad, wees op
said Sweet children I go to the city be on

je hoede voor meneer Wolf; als hij binnen komt,
you guard for mister Wolf if he inside comes

dan eet hij jullie allemaal met huid en haar op.
then eats he you all with skin and hair up

De booswicht vermomt zich vaak, maar aan zijn
The evil one disguises himself often but on his
by

dronken staat en zijn losse handjes kunnen
drunken state and his loose little hands can
stupor tendency to beat (them)

jullie hem meteen herkennen."
you him immediately recognize

De kinderen zeiden: "Lieve moeder, wij zullen goed
The children said Sweet mother we will good
well

oppassen, u kunt rustig weggaan." Toen omhelsde
take care you can calmly leave Then hugged

hun moeder hen en ging ze met een gerust hart
their mother them and went she with an assured heart

op pad.
on path
the road

Het duurde niet lang of er klopte iemand aan
It lasted not long or there knocked someone on

de voordeur die riep: "Doe eens open, lieve
the front door who called Do once open sweet
Make

kinderen, ik ben het, moeder, ik heb voor jullie
children I am it mother I have for you
it's me

allemaal iets meegebracht."
all something brought along

Maar de kinderen hoorden aan de dronken stem
But the children heard by the drunk voice

dat het moeder's ex was. "Wij doen niet open,"
that it mother's ex was We do not open
make

riepen zij, "jij bent onze moeder niet, die is
called they you are our mother not that one is

tenminste altijd nuchter, maar jij bent alleen maar
at least always sober but you are only just

dronken; jij bent een lelijke zuiplap!"
drunk you are an ugly booze-rag
boozer

Daarop ging meneer Wolf naar een marskramer
There-upon went mister Wolf to a hawker

en kocht een groot aantal eieren; die at hij op
and bought a great number (of) eggs those ate he up

en daardoor werd hij weer nuchter. Toen kwam
and there-through became he again sober Then came
as a result

hij terug, klopte aan de voordeur en riep: "Doe
he back knocked on the front door and called Do
Make

open, lieve kinderen, ik ben het, moeder, ik heb
open sweet children I am it mother I have
it's me

voor jullie allemaal iets meegebracht."
for you all something brought along

Maar meneer Wolf was ongeduldig en beukte
But mister Wolf was impatient and punched

al gauw uit frustratie tegen de muur; dat
already soon out (of) frustration against the wall that

hoorden de kinderen en zij riepen: "Wij doen
heard the children and they called We do
will

niet open, onze moeder heeft geen losse handjes
not open our mother has no loose hands
(aggressiveness)

zoals jij; jij bent de gast die haar altijd sloeg."
like you you are the guest who her always beat
dude

Toen liep meneer Wolf naar zijn favoriete kroeg
Then walked mister Wolf to his favorite pub

en zei: "Ik heb mijn vuisten gestoten, heeft er
and said I have my fists bumped has there
hurt

iemand hier bokshandschoenen." En toen een
anyone here boxing gloves And when a

vriend hem later zijn bokshandschoenen gegeven
friend him later his boxing gloves given

had liep hij naar een marktkraam met snoep en
had walked he to a market stall with candy and

zei: "Geef me wat gratis snoep voor mijn
said Give me some free candy for my

stiefkinderen." De marktkoopman dacht: Die luie
step-children The market trader thought That lazy

meneer Wolf heeft helemaal geen stiefkinderen, hij
mister Wolf has totally no step-children he
at all

wil vast iets smerigs uithalen, en hij
wants probably something dirty fetch out and he
do

weigerde, maar meneer Wolf zei: "Als je het niet
refused but meneer Wolf said If you it not

geeft dan verslind ik je." Daarop werd de
give then devour I you There-on became the

marktkoopman bang en gaf hem wat snoep. Ja,
market trader *afraid* *and* *gave* *him* *some* *candy* *Yeah*

zo zijn de mensen.
so *are* *the* *people*

Nu stapte de booswicht voor de derde maal
Now *stepped* *the* *evil one* *for* *the* *third* *time*
(op af stappen: go towards)

op de voordeur af, klopte zacht op de deur met
on *the* *front door* *off* *knocked* *softly* *on* *the* *door* *with*
towards the front door

zijn bokshandschoenen en zei: "Doe open, kinders,
his *boxing gloves* *and* *said* *Do* *open* *kids*
Open the door

jullie lieve moedertje is thuis gekomen en heeft
your *dear* *little mother* *is* *at home* *come* *and* *has*

voor jullie allemaal iets meegebracht van de
for *you* *all* *something* *brought along* *from* *the*

stad." De kinderen riepen: "Laat ons eerst de
city *The* *children* *called* *Let* *us* *first* *the*

boodschappen zien zodat wij zeker weten dat jij
groceries *see* *so that* *we* *surely* *know* *that* *you*

ons lieve moedertje bent en niet de meneer die
our dear mother are and not the gentleman who

alleen maar bier koopt." Daarop legde hij het
only just beer buys There-upon laid he the

snoep op de vensterbank en toen zij al het
candy on the windowsill and when they all the

snoep zagen liggen, geloofden zij dat alles wat
candy saw lie believed they that everything what

hij zei waar was en deden de deur open. Maar
he said true was and did the door open But

wie kwam daar binnen: meneer Wolf! Zij
who came there inside mister Wolf They

schrokken en wilden zich verstoppen.
startled and wanted themselves hide
became afraid

Het ene kind sprong onder de tafel, het tweede in
The one child jumped under the table the second in

het bed, het derde in de kachel, het vierde de
the bed the third in the stove the fourth the

keuken in, het vijfde in de kast, het zesde onder
kitchen in the fifth in the cabinet the sixth under

de waskom en het zevende in de kast van de
the wash-bowl and the seventh in the cabinet of the
basin

hangklok. Maar meneer Wolf vond ze allemaal
hanging clock But mister Wolf found them all

en slokte zonder complimenten het ene na het
and gulped without compliments the one after the

andere door zijn keelgat. Alleen het jongste, dat
other through his throat Only the youngest who

in de kast van de klok zat, dat vond hij niet.
in the cabinet of the clock sat that found he not

Toen meneer Wolf zijn honger had gestild, maakte
When mister Wolf his hunger had appeased made

hij dat hij weg kwam, ging buiten in de groene
he that he away came went outside in the green

wei onder een boom liggen en viel in slaap.
meadow under a tree lie and fell in sleep

Niet lang daarna kwam de moeder van de
Not long there-after came the mother of the

kinderen weer terug uit het stad. Ach, wat zij
kids again back from the city Ah what she

daar te zien kreeg! De voordeur stond wagenwijd
there to see got The front door stood cart-wide / very wide

open; tafel, stoelen en banken waren
open table chairs and benches were

omvergegooid, de waskom lag in scherven, dekens
overturned the basin lay in shards blankets

en kussens waren uit het bed gerukt. Zij zocht
and cushions were from the bed yanked She searched

haar kinderen maar zij waren nergens te vinden.
her children but they were nowhere to find / be found

Zij riep ze bij hun naam, het ene na het
She called them at their name the one after the

andere, maar niemand antwoordde. Eindelijk, toen
other but nobody answered Finally when

zij aan het jongste toe was, riep een zacht
she on the youngest to was called a soft

stemmetje: "Lieve moeder, ik zit in de kast van
little voice Sweet mother I sit in the cabinet of

de klok." Zij haalde her eruit en ze vertelde
the clock She fetched haar there-out and she told
out of it

haar moeder dat meneer Wolf was gekomen en de
her mother that mister Wolf was come and the
had

anderen allemaal had opgegeten. Je kunt je wel
others all had eaten up You can you well

voorstellen hoe zij om haar arme kinderen heeft
imagine how she for her poor children has

gehuild.
cried

Eindelijk liep zij in haar verdriet naar buiten en
Finally walked she in her sadness to outside and

het jongste dochtertje liep met haar mee. Toen
the youngest little daughter walked with her along When

zij op de weide kwamen lag meneer Wolf daar
they on the meadow came lay mister Wolf there

onder een boom en snurkte dat de takken
under a tree and snored that the branches

ervan trilden. De moeder bekeek hem van alle
there-from trembled The mother looked at him from all
from it

kanten en zag dat er in zijn opgezette buik
sides and saw that there in his bloated belly

iets bewoog en spartelde. "O mijn Godin,"
something moved and floundered Oh my Goddess

dacht zij, "zouden mijn arme kinderen, die hij als
thought she would my poor children who he as

avondeten heeft opgeslokt, nog in leven zijn?"
dinner has swallowed up still in life be
alive

Het dochtertje moest naar huis lopen en schaar,
The little daughter must to house walk and scissor

naald en draad halen. Toen knipte de moeder het
needle and thread fetch Then cut the mother the

ondier zijn pens open en nauwelijks had zij een
monster his tripe open and hardly had she a

knip gedaan, of een kindje stak zijn kop al
snip done or a little kid stuck his head already

naar buiten en toen zij verder knipte sprongen
to outside and when she further cut jumped

zij alle zes na elkaar eruit en zij waren
they all six after each other there-out and they were

allen nog in leven en hadden zelfs geen schram
all still in life and had even no scratch
alive

opgelopen, want het monster had ze in zijn
incurred because the monster had them in his

gulzigheid héél naar binnen geslikt. Dat was me
gluttony whole to inside swallowed That was me

een vreugde! Zij omhelsden hun lieve moeder en
a joy They embraced their sweet mother and

sprongen als een kleermaker die bruiloft viert.
jumped like a tailor who wedding celebrates

Maar de lieve moeder zei: "Nu moeten jullie
But the sweet mother said Now must you

veldkeien gaan zoeken en daarmee stoppen wij
field boulders go seek and there-with stuff we
                              with those

dan de buik van die verschrikkelijke man vol,
then the belly of the terrible man full

terwijl hij nog ligt te slapen." Daarop sleepten de
while he still lies to sleep There-upon dragged the

zeven kinderen in allerijl keien aan en stopten
seven kids in all in a hurry boulders up and stuffed

ze in de buik van meneer Wolf, zoveel zij er
them in the belly of mister Wolf so much they there

maar in konden krijgen. Toen naaide de oude
just in could get Then sewed the old (one)

hem zo vlug weer dicht dat hij er niets van
him so quickly again closed that he there nothing of

merkte en niet eens bewoog.
noticed and not even moved

Toen meneer Wolf eindelijk uitgeslapen was, kwam
When mister Wolf finally rested was came

hij overeind en omdat de stenen in zijn maag
he up and because the stones in his stomach

hem een geweldige dorst bezorgden, wilde hij
him a great thirst delivered wanted he
caused

naar een bron om te drinken. Maar toen hij
to (go to) a well for to drink But when he

zich in beweging zette en daarbij van de ene
himself in movement set and there-by from the one

kant naar de andere liep te slingeren, stootten
side to the other walked to sway pushed

de keien in zijn buik rammelend tegen elkaar.
the boulders in his belly rattling against each other

Toen riep hij uit:
Then called he out

"Wat hotst en klotst
What bumps and sloshes

Daar in mijn buik?
There in my belly

Ik dacht dat het zes kindertjes waren,
I thought that it six little kids were

Maar dit zijn keien, hele zware!"
But these are boulders very heavy (ones)

En toen hij bij de bron kwam en zich over het
And when he at the well came and himself over the

water boog en wilde drinken, trokken de zware
water bowed and wanted to drink pulled the heavy

keien hem erin en hij moest jammerlijk
boulders him there-in and he must miserably

verdrinken. Toen de zeven kindertjes dat zagen,
drown When the seven little kids that saw

kwamen zij aanhollen en riepen luidkeels:
came they running up and called loud-throated loudly

"Meneer Wolf is dood, meneer Wolf is dood!" en
Mister Wolf is dead mister Wolf is dead and

maakten van vreugde met hun moeder een
made from joy with their mother a

rondedans om de bron.
round dance around the well

Gelukkige Hans
Fortunate Hans

Gelukkige Hans, een ongewijzigd sprookje,
Fortunate Hans an unchanged fairy tale
(archaic, now Happy)

omdat zoveel dommigheid niet wakker te maken is
because so much stupidity not awake to make is
woke

Hans had zeven jaar bij zijn heer gediend en
Hans had seven year(s) at his lord served and

toen zei hij tegen hem: "Heer, mijn tijd is om, ik
then said he against him Lord my time is up I

wil nu graag weer naar huis naar mijn moeder,
want now eagerly again to house to my mother

geef mij mijn loon."
give me my reward

De heer antwoordde: "je hebt mij eerlijk en
The lord answered you have me honestly and

trouw gediend; ik zal je naar verdienste
faithfully served I shall you to merit

belonen," en hij gaf hem een klomp goud die zo
reward and he gave him a clump gold that so

groot was als Hans zijn hoofd.
large was as Hans his head

Hans haalde zijn zakdoek uit zijn zak, wikkelde
Hans fetched his handkerchief from his pocket wrapped

daar de klomp goud in, nam hem op zijn schouder
there the clump gold in took him on his shoulder
it

en ging op weg naar huis. Terwijl hij daar zo
and went on road to house While he there so

voortliep en steeds het ene been voor het
walked along and continually the one leg before the

andere zette, kreeg hij een ruiter in het oog die
other set got he a rider in the eye who
noticed he a rider

vrolijk en blij op een monter paard voorbij
cheerful and happy on a spry horse past

kwam draven.
came trot

"Ach," zei Hans hardop, "rijden, dat is
Ah said Hans aloud to ride that is

nog eens wat! Alsof je op een stoel zit en geen
still once what As if you on a chair sit and no
quite something

stenen waar je je aan stoot; je spaart je
stones where you yourself on bump you save yourself

schoenen en je komt vooruit zonder dat je het
shoes and you come ahead without that you it

merkt."
notice

De ruiter, die dit hoorde, hield in en riep: "Zeg
The rider who this heard held in and called Say
pulled the reins

Hans, waarom ga je dan ook te voet?"
Hans why go you then also on foot

"Ik moet wel," antwoordde hij, "want ik moet een
I must well answered he because I must a

klomp naar huis dragen; het is weliswaar goud
clump to house carry it is indeed-is-true gold
indeed

maar ik kan mijn hoofd er niet rechtop bij
but I can my head there not upright at

houden, daarbij drukt hij op mijn schouder."
keep there-by presses he on my shoulder
it

"Weetje wat," zei de ruiter, "laten we ruilen - ik
Know-you what said the rider let we exchange I
us

geef jou mijn paard en jij geeft mij je klomp."
give you my horse and you give me your clump

"Heel graag," sprak Hans, "maar ik zeg u er
Very eagerly spoke Hans but I say you there
I'd love to

direct bij dat u er heel wat aan te sjouwen
directly at that you there very what on to drag
quite some for heavy lifting

zult hebben."
shall have

De ruiter steeg af, nam het goud en hielp Hans
The rider rose off took the gold and helped Hans
dismounted

in het zadel, gaf hem de teugels stevig in de
in the saddle gave him the reins firmly in the

hand en sprak: "als je wilt dat het goed hard
hand and spoke if you want that it good hard
    real fast

gaat, dan moetje met je tong klakken en hop,
goes then must with your tongue clack and hop

hop roepen."
hop call

Hans was zielsgelukkig toen hij op het paard zat
Hans was soul-happy when he on the horse sat
    intensely happy once he

en daar zo frank en vrij voortreed.
and there so frank and free continued
    openly

Na een tijdje bedacht hij dat het nog wel wat
After a while thought he that it still well what
    (the ride) maybe a bit

sneller zou kunnen en begon met zijn tong te
faster would be able and began with his tongue to
    could

klakken en hop hop te roepen. Het paard zette
clack and hop hop to call The horse set

zich in gestrekte draf en voordat Hans wist wat
itself in stretched trot and before Hans knew what

er gebeurde, was hij uit het zadel geworpen en
there happened was he from the saddle thrown and

lag hij in een sloot die de akker van de straatweg
lay he in a ditch that the field from the roadway

scheidde.
separated

Het paard zou er zeker vandoor gegaan zijn als
The horse would there surely off gone be if

een boer die langs kwam en een koe voor zich
a farmer who along came and a cow for himself

uitdreef, het niet had opgevangen.
out-drove it not had caught

Hans raapte zijn armen en benen bij elkaar en
Hans picked up his arms and legs at each other and together

krabbelde weer overeind, maar hij was uit zijn
scrambled again up but he was out (of) his

humeur en zei tegen de boer: "rijden is geen
humor and said against the farmer riding is no
good mood

grapje, zeker niet als je op een merrie als deze
joke surely not if you on a mare like this

terechtkomt, die bokt en je uit het zadel werpt;
lands that bucks and you from the saddle throws

je zou je nek wel kunnen breken; ik ga er
you would your neck well be able to break I go there

nooit en te nimmer meer op. Neen, dan staat
never and to never (any)more (sit) on No then stands
looks

je koe mij beter aan, daar kan je op je
your cow me better to there can you on your
-

gemak achteraan lopen en je hebt er
convenience behind walk and you have there

bovendien iedere dag, zonder mankeren, melk,
on top of that every day without fail milk

boter en kaas van. Wat zou ik er niet voor
butter and cheese of What would I there not for

geven zo'n koe te hebben!"
give   such a cow to   have
       (zo een)

"Welnu," sprak de boer, "als je dat zo'n plezier
Well-now spoke the farmer if you that such a pleasure

zou   doen dan wil ik de koe wel   met   je
would do   then want I the cow well   with you
                                    for sure

ruilen voor het paard."
exchange for the horse

Hans, helemaal in de wolken, stemde met dit
Hans   totally   in the clouds   voted   with this
                      thrilled   agreed

voorstel in; de boer sprong te paard en reed
proposition in the farmer jumped on horse and rode
          -

snel   weg. Hans dreef zijn koe rustig voor zich
quickly away Hans drove his cow calmly before herself

uit en dacht na over de voordelige ruil. "Als
out and thought after over the advantageous exchange If
          reflected

ik nu nog een stuk brood heb, en daaraan zal
I   now still a piece (of) bread have and thereto shall

het mij toch niet ontbreken, dan kan ik zo vaak ik
it me still not lack then can I so often I

zin heb, daar boter en kaas bij eten; en als ik
lust have there butter and cheese with eat and if I

dorst heb dan melk ik mijn koe en drink de melk.
thirst have then milk I my cow and drink the milk

Mijn hartje, wat wil je nog meer?"
My little heart what want you still more

Toen hij bij een herberg kwam hield hij stil, at in
When he at an inn came held he still ate in
stopped he

zijn uitbundige vreugde alles wat hij bij zich
his exuberant joy everything what he at himself

had, zijn middag- en zijn avondboterham, schoon
had his afternoon and his evening sandwich clean

op en liet zich voor de laatste centen die hij
up and let himself for the last pennies that he

nog bezat een half glas bier inschenken.
still posessed a half glass beer pour

Daarna dreef hij zijn koe weer voort, almaar in
There-after drove he his cow again forth ever in

de richting van het dorp waar zijn moeder
the direction of the village where his mother

woonde. Naarmate het middaguur naderde, werd
lived As gradually the noon approached became

de hitte steeds drukkender en Hans bevond
the heat continually more oppressive and Hans found

zich op een heide die nog wel een uur gaans
himself on a heath which still indeed an hour going

was. Toen kreeg hij het zo warm dat zijn tong
was Then got he it so warm that his tongue

aan zijn gehemelte kleefde van de dorst.
to his palate glued from the thirst

"Daar is wel wat aan te doen," dacht Hans, "nu
There is surely what on to do thought Hans now
against

ga ik mijn koe melken en mij aan de melk
go I my cow milk and myself on the milk

tegoed doen."
credit   do
indulge

Hij bond haar aan een dode boom vast en omdat
He   bound her   to   a   dead tree stuck and because

hij geen emmer had, zette hij zijn leren muts
he   no   bucket had   set   he   his   leather hat

onder de koe, maar hoe hij zich ook inspande,
under the cow but   how he   himself also strained

er   kwam geen druppeltje melk te voorschijn.
there came no   trickle   (of) milk to view

En   omdat hij onhandig te werk ging, gaf het
And because he clumsily to work went gave the

ongeduldige dier hem tenslotte met een van haar
impatient   animal him finally   with one of   her

achterpoten zo'n trap tegen zijn hoofd dat hij op
hind legs   such a kick against his head that he on

de grond tuimelde en een hele tijd niet wist
the ground tumbled and a   whole time not knew

waar hij was.
where he was

Gelukkig kwam er net een slager aan met een
Fortunately came there just a butcher on with a
arrived -

kruiwagen waar een jong varken in lag. "Wat is
wheelbarrow where a young pig in lay What is

hier aan de hand?" riep hij en hielp de brave
here on the hand called he and helped the good
the matter

Hans weer overeind.
Hans again up

Hans vertelde wat er was gebeurd.
Hans told what there was happened

De slager reikte hem zijn fles en zei: "Hier,
The butcher extended him his bottle and said Here

neem maar een slok om van de schrik te
take but a sip for of the scare to

bekomen. Die koe zal wel geen melk meer geven,
recover That cow shall well no milk more give

het is een oud beest dat op zijn best nog geschikt
it is an old beast that on its best still fit

is als trekdier of voor de slacht."
is as draft animal or for the slaughter

"Zo, zo," zei Hans en streek met zijn handen
So so said Hans and stroke with his hands
Well well

door zijn haar, "wie had dat gedacht? Het is
through his her who had that thought It is

mooi als je zo'n dier thuis kunt slachten;
beautiful if you such an animal at home can slaughter

wat krijg je daar niet een boel vlees van! Maar ik
what get you there not a lot flesh of But I

heb het niet erg op rundvlees begrepen: het
have it not very much on beef understood it
don't like beef very much

is mij niet mals genoeg. Ja, als je zo'n jong
is me not tender enough Yes if you such a young

varken hebt! Dat smaakt wel anders en dan heb
pig have That tastes well different and then have

je   ook   nog   worst!"
you   also still sausage

"Hoor   eens,   Hans,"   zei   de   slager,   "om   jou   een
Hear   once   Hans   said the butcher   for   you   a

plezier   te   doen   wil   ik   wel   ruilen   en   je   het
pleasure   to   do   want   I   well   exchange   and   you   the

varken   laten   voor   de   koe."
pig   let   for   the   cow
         give

"God   belone   u   voor   uw   vriendschap,"   zei   Hans,
God   reward   you   for   your   friendship   said   Hans

gaf   hem   de   koe,   liet   de   slager   het   varkentje   voor
gave   him   the   cow   let   the   butcher   the   little pig   for

hem   uit   de   kruiwagen   losmaken   en   hem   het
him   from   the   wheelbarrow   loosemake   and   him   the

touw   waaraan   het   vastzat,   in   de   hand   geven.
rope   where-on   it   was stuck   in   the   hand   give
       (on which)

Hans   trok   verder   en   bedacht   hoe   voor   hem
Hans   pulled   further   and   thought   how   for   him
       moved   on

alles toch naar wens verliep; en als hem dan
everything indeed to wish happened and as him then

al iets onaangenaams overkwam dan kwam
already something unpleasant overcame then came
                                  happened   became

het toch meteen weer goed. Na een tijdje liep
it still immediately again good After a while walked

een jongen met hem mee, die een mooie witte
a boy with him along who a beautiful white

gans onder zijn arm droeg.
goose under his arm carried

Zij praatten wat en Hans begon over zijn geluk
They talked some and Hans began over his fortune

te vertellen en hoe hij telkens weer zo voordelig
to tell and how he each time again so profitably

geruild had. De jongeman vertelde hem dat hij
exchanged had The young man told him that he

de gans naar een feestmaaltijd ter ere van een
the goose to a banquet for the honor of a

kinder-doop **bracht.** "**Til** **haar** **maar** **eens** **op**,"
child baptism brought Lift her but once up

vervolgde **hij** **en** **pakte** **de** **gans** **bij** **de** **vleugels**,
continued he and took the goose at the wings

"**voel** **maar** **hoe** **zwaar** **zij** **is**; **zij** **is** **dan** **ook** **acht**
feel but how heavy she is she is then also eight
   just

weken **lang** **vetgemest.** **Wie** **in** **haar** **bijt** **als** **zij**
weeks long fattened Who in her bites as she

gebraden **is,** **moet** **zich** **het** **vet** **aan** **weerskanten**
roasted is must oneself the fat to either sides

van **zijn** **mond** **vegen**."
of his mouth wipe

"**Ja**," **sprak** **Hans,** **terwijl** **hij** **met** **één** **hand** **de** **gans**
Yes spoke Hans while he with one hand the goose

woog, "**die** **is** **goed** **aan** **haar** **gewicht,** **maar** **mijn**
weighed that one is good on her weight but my

varken **is** **ook** **niet** **mis**."
pig is also not (a) miss

51

Onderwijl keek de jongeman erg bezorgd naar alle
Meanwhile looked the young man very worried to all

kanten om zich heen en schudde bovendien
sides around himself -to- and shook on top of that

met zijn hoofd. "Hoor eens," begon hij, "het zou
with his head Hear once began he it would

wel eens niet helemaal in orde kunnen zijn met
indeed once not totally in order can be with
maybe

dat varken van jou. In het dorp waar ik pas
that pig of yours In the village where I just

door ben gekomen, is er bij de burgemeester
through am come is there at the mayor

net een uit de stal gestolen. Ik vrees... ik vrees,
just one from the stable stolen I fear I fear

dat dat het varken is dat jij daar hebt. Zij
that that the pig is that you there have They

hebben mensen erop uitgestuurd en het zou
have people there-(up)on sent out and it would

niet zo best zijn als zij je met het varken
not so best be if they you with the pig
good

betrappen; je zou op z'n minst in de bak
catch you would on his least in the bin
at joint

gestopt worden."
put become

De brave Hans werd bang. "Lieve Hemel," sprak
The good Hans became afraid Sweet Heaven spoke

hij, "red me uit de nood, jij weet in deze streek
he save me from the need you know in this region

beter de weg dan ik, hier, neem mijn varken en
better the way then I here take my pig and

geef mij je gans."
give me your goose

"Ik moet er wel iets voor
I must there well something for

op het spel zetten," antwoordde de jongen, "maar
on the game put answered the boy but
risk

ik wil het toch ook niet op mijn geweten hebben,
I want it still also not on my conscience have

dat jij je ongeluk tegemoet gaat." Dus nam hij
that you your misfortune towards go So took he

het touw in de hand en dreef het varken snel
the rope in the hand and drove the pig quickly

een zijpad op.
a side path on

De brave Hans echter ging, verlost van zijn
The good Hans however went freed from his

zorgen, met de gans onder zijn arm op weg naar
worries with the goose under his arm on road to

zijn geboorteplaats.
his birthplace
    home

"Al met al," zei hij tegen zichzelf, "ben ik nog
All with all said he against himself am I still
All together

voordelig uit ook met de ruil: eerst heerlijk
profitable out also with the exchange first delightful

gebraden vlees, dan een heleboel vet dat eruit
roasted flesh then a lot (of) fat that out of it

druipt; dat betekent brood met ganzenvet voor
drips that means bread with goose fat for

drie maanden; en tenslotte de mooie witte veren;
three months and finally the beautiful white feathers

die laat ik in mijn hoofdkussen stoppen en
those let I in my pillow stuff and

daarop zal ik dan wel in slaap vallen zonder dat
there-on shall I then well in sleep fall without that

iemand mij hoeft te wiegen. Wat zal mijn moeder
someone me needs to cradle What shall my mother

blij zijn."
happy be

Toen hij het laatste dorp door was, stond daar
When he the last village through was stood there

een scharensliep met zijn kar; het wiel snorde en
a scissors-grinder with his cart the wheel hummed and
tool sharpener

hij zong erbij: "Ik slijp scharen en draai gezwind
he sang there-by I grind scissors and turn swift

En hang mijn jasje naar de wind."
And hang my little jacket to the wind

Hans bleef naar hem staan kijken; eindelijk sprak
Hans remained to him stand look finally spoke

hij hem aan en zei: "Het gaat u zeker goed, dat
he him to and said It goes you surely good that

u zo vrolijk bent onder het scharensliepen?"
you so cheerful are under the scissors grinding
tool sharpening

"Ja," antwoordde de scharensliep, "met mijn
Yes answered the scissors grinder with my
tool sharpener

handwerk kun je goud verdienen. Een goede
craft can you gold earn A good

scharensliep is een man die, iedere keer als hij in
scissors grinder is a man who every time as he in
tool sharpener

zijn zak grijpt, daar ook geld in vindt. Maar
his pocket grabs there also money in finds But

waar heb jij die mooie gans gekocht?"
where have you that beautiful goose bought

"Die heb ik niet gekocht, maar die heb ik geruild
That have I not bought but that have I exchanged

voor mijn varken."
for my pig

"En het varken?"
And the pig

"Dat heb ik gekregen in ruil voor een koe."
That have I gotten in exchange for a cow

"En de koe?"
And the cow

"Die heb ik tegen een paard geruild."
That have I against a horse exchanged

"En het paard?"
And the horse

"Daar heb ik een klomp goud voor gegeven zo
There have I a clump gold for given so

groot als mijn hoofd."
large as my head

"En het goud?"
And the gold

"Nou, dat was mijn loon voor zeven jaren dienst."
Now that was my reward for seven years service

"Je hebt je iedere keer weten te redden."
You have yourself every time know to save

sprak de scharensliep, "als je het nu nog eens
spoke the scissors grinder if you it now still once
tool sharpener

zover kon brengen dat je het geld in je zak
so far could bring that you the money in your pocket

hoort rinkelen, iedere keer dat je opstaat, dan is
hear tinkling every time that you stand up then is

je geluk verzekerd."
you fortune assured
happiness

"Hoe moet ik dat aanpakken?" sprak Hans.
How must I that fetch on spoke Hans
manage

"Je moet scharensliep worden net als ik; het enige
You must scissors grinder become just like I the only
tool sharpener me

wat je daar eigenlijk voor nodig hebt is een
what you there actually for necessary have is a

wetsteen, de rest komt vanzelf. Ik heb er nog
whetstone the rest comes automatically I have there still

een; die is wel een beetje beschadigd, maar je
one that is well a little bit damaged but you
maybe

hoeft mij er ook niet meer voor te geven dan
need me there also not more for to give then

je gans. Wil je dat?"
your goose Want you that

"Hoe kunt u dat nog vragen?" antwoordde Hans,
How can you that still ask answered Hans

"ik word immers de gelukkigste mens op aarde;
I am indeed the most fortunate human on earth

Als ik geld heb zo vaak als ik in mijn zak tast,
When I money have so often as I in my pocket grab

waar hoef ik mij dan nog langer zorgen over te
where need I myself then still longer worries over to

maken?" Hij overhandigde hem de gans en nam
make He handed him the goose and took

de wetsteen in ontvangst.
the whetstone in reception

"Nou," sprak de scharensliep, terwijl hij een
Now spoke the scissors grinder while he an
tool sharpener

doodgewone, zware veldkei tilde die naast hem
ordinary heavy field boulder lifted that next to him

lag, "hier heb je nog flinke steen
lay here have you another big stone

op de koop toe waar je goed op kunt slaan en
on the buy too where you good on can strike and
added to the sale

je oude spijkers recht kloppen. Pak aan en berg
your old nails straight knock Grab on and stow

hem netjes op."
him neatly on
it carefully away

Hans pakte de steen op en ging vrolijk verder;
Hans took the stone up and went cheerfully further
continued onwards

zijn ogen straalden van vreugde. "Ik ben toch een
his eyes beamed of joy I am indeed a

gelukskind," riep hij uit, "alles wat ik wens valt
child of fortune called he out everything what I wish falls
that

mij ten deel alsof ik op zondag geboren was."
me to the part as if I on Sunday born was
me

Intussen begon hij, omdat hij vanaf het aanbreken
Now began he because he from the break

van de dag op de been was geweest, moe te
of the day on the leg was been tired to
moving

worden; ook werd hij door honger geplaagd, daar
become also became he by hunger plagued there
bothered

hij in vreugde over de koehandel zijn hele
he in joy over the cow-trade his whole

voorraad in één keer had opgemaakt. Ten slotte
provision in one time had up-made At the end
finished

kon hij nog maar met moeite vooruitkomen en
could he still but with trouble forward move and

moest telkens stil houden; Bovendien kreeg hij
must each time still hold On top of that got he
      stop, pause   became

verschrikkelijke last van de stenen.
terrible bother of the stones
terribly bothered by

Hij kon de gedachte maar niet van zich afzetten,
He could the thought just not from himself put off
                dismiss

hoe prettig het zou zijn als hij ze net nu niet
how nice it would be if he them just now not

zou hoeven te dragen. Met een slakkengang kwam
would have to carry With a snail's pace came

hij bij een put in een wei, daar wilde hij
he at a well in a meadow there wanted he

uitrusten en zich met een frisse dronk
rest and himself with a fresh drank

verkwikken; maar om de stenen niet te
invigorate but for the stones not to

beschadigen terwijl hij ging zitten, legde hij ze
damage while he went sit laid he them

voorzichtig naast zich neer, op de rand van de
carefully next to himself down on the edge of the

put.
well

Toen hij ging zitten en zich wilde bukken om te
When he went to sit and himself wanted to stoop for to

drinken maakte hij een verkeerde beweging, raakte
drink made he a wrong movement touched

net even de beide stenen en deze plonsden naar
just a bit the both stones and these dunked -to-

beneden.
down

Toen Hans ze met eigen ogen in de diepte had
When Hans them with own eyes in the depth had

zien verdwijnen, sprong hij op van blijdschap,
seen disappear jumped he up from joy

knielde neer en dankte God met tranen in de
kneeled down and thanked God with tears in the

ogen, dat Hij hem ook deze genade nog had
eyes that He him also this mercy still had

betoond en hem op zo mooie wijze en zonder
shown and him on such beautiful manner and without
in

dat hij zichzelf iets hoefde te verwijten, van
that he himself something needed to reproach from

de zware stenen had bevrijd die hem alleen nog
the heavy stones had freed that him only still

maar tot last waren geweest.
but to burden were been
had

"Zo gelukkig als ik ben," riep hij uit, "bestaat er
So fortunate as I am called he out exists there
happy

geen mens onder de zon."
no human under the sun

Opgelucht en bevrijd van alle lasten snelde hij nu
Relieved and freed from all burdens rushed he now

weg tot hij thuis was bij zijn moeder.
away until he at home was at his mother

De Huilende Prins
The Crying Prince

De Huilende Prins
The   Crying   Prince

In oude tijden, toen wensen nog hielp, leefde er
In old   times   when to wish still helped lived there
                        wishing

een koning wiens zonen allemaal mooi   waren;
a   king   whose sons   all   beautiful were

maar de   jongste   was zo mooi   dat   de   zon zelf,
but   the youngest was so beautiful that the sun herself

die   toch   zoveel   gezien heeft, zich   erover
which still so much   seen   has   herself about it

verbaasde   iedere keer als   hij zijn gezicht
surprised   every   time when   he   his   face

bescheen.
shone on
lit up

Vlak bij het slot van de koning lag een groot
Right at the castle of the king lay a large

donker bos en in dat bos bevond zich onder
dark forest and in that forest found itself under

een oude linde een bron. Als het nu
an old linden (tree) a well As it now

overdag heel warm was liep het koningskind
during the day very warm was walked the king's child

het bos in en ging aan de rand van de koele
the forest in and went at the edge of the cool

bron zitten - en als hij zich verveelde nam hij
well sit and if he himself bored took he
was

een gouden bal die hij omhoog wierp en weer
a golden ball which he up threw and again

opving; en dat was zijn liefste spel, zelfs al
caught and that was his most liked game even though

was hij intussen vijfentwintig jaar oud.
was he meanwhile twenty five year(s) old

Nu gebeurde het op een keer dat de gouden bal
Now happened it on a time that the golden ball

van de koningszoon niet in zijn hand viel, die hij
of the king's son not in his hand fell which he

omhoog hield, maar er naast op de grond
up held but there next to on the ground

terechtkwam en regelrecht in het water rolde. De
ended up and straight in the water rolled The

prins, niet de snelste van begrip, volgde hem
prince not the quickest of understanding followed him
to understand it

met zijn ogen, maar de bal verdween en de bron
with his eyes but the ball disappeared and the well

was zó diep, zó diep dat je de bodem niet zag.
was so deep so deep that you the bottom not saw

Toen begon hij te huilen en huilde steeds
Then began he to cry and cried continually

harder en hij was ontroostbaar. Nu denk je
harder and he was inconsolable Now think you

misschien dat hij niet helemaal goed was, maar
maybe that he not totally well was but
quite well in the head

nee hoor, zo zijn prinsjes nu eenmaal, erg
no hear so are little princes now once very
oh no (that's how it is)

gevoelig.
sensitive

En toen hij daar zo zat te jammeren riep iemand
And then he there so sat to wail called someone
while

hem toe: "Wat is er toch, koningszoon, je huilt
him to What is there indeed king's son you cry
What is the problem

zo dat je er een steen mee zou
so (much) that you there a stone with would

vermurwen."
mollify

De prins keek rond om te zien waar die stem
The prince looked around for to see where that voice

vandaan kwam; daar zag hij een kikker die zijn
from came there saw he a frog which his
its

lelijke dikke kop uit het water stak.
ugly fat head from the water stuck

"Ach, ben jij het, oude watertrapper," zei hij, "ik
Ah are you it old water kicker said he I

huil om mijn gouden bal die in de bron is
cry for my golden ball which in the well is
has

gevallen."
fallen

"Wees maar stil en huil maar niet," antwoordde
Be but quiet and cry but not answered
just

de kikker, "ik weet er wel raad op, maar wat
the frog I know there well advice on but what
a solution for

geef je mij als ik je speelgoed weer naar boven
give you me if I your play-thing again to above
toy

haal?"
fetch

"Wat je maar hebben wilt, beste kikker," zei
What(ever) you but have want dearest frog said
only

hij, "mijn kleren, mijn parels en edelstenen en ook
he my clothes my pearls and gems and also

nog de gouden kroon die ik draag."
still the golden crown which I wear

De kikker antwoordde: "Je kleren, je parels en
The frog answered Your clothes your pearls and

edelstenen en je gouden kroon wil ik niet
gems and your golden crown want I not

hebben, maar als je mij wilt liefhebben en ik je
have but if you me want dear-have and I your
will love

vriendje en speelkameraad mag zijn, naast je aan
boyfriend and playmate may be next to you on

je tafeltje mag zitten, van je gouden bordje
your little table may sit from your golden little plate

eten, uit je bekertje drinken en in je bedje
eat from your little cup drink and in your little bed

slapen: als je mij dat belooft, dan zal ik naar de
sleep if you me that promise then shall I to the

diepte afdalen en je gouden bal weer naar boven
depth   descend   and   your   golden   ball   again   to   above

brengen."
bring

"Ach, ja," zei de prins, "ik beloof je alles wat
Ah   yes   said   the   prince   I   promise   you   everything   what

je wilt, als je mij mijn bal maar weer
you   want   if   you   me   my   ball   but / just   again

terugbrengt." Hij dacht echter: "Wat praat die
return   He   thought   however   What   talks   that

kikker dom, die zit in 't water bij de andere
frog   dumb   that   sits   in   the   water   with   the   other

kikkers en kwaakt en de vriend van een mens
frogs   and   croaks   and   the   friend   of   a   human

kan hij toch niet zijn."
can   he   indeed   not   be

Toen de kikker de belofte had gekregen, dook hij
When   the   frog   the   promise   had   received   dove   he

met zijn kop onder water, liet zich naar beneden
with his head under water let himself to down

zakken en na een tijdje kwam hij weer naar
descend and after a while came he again to

boven roeien, met de bal in zijn bek en wierp die
above row with the ball in his jaws and threw that

in het gras. De koningszoon was verheugd toen hij
in the grass The king's son was pleased when he

zijn mooie speelgoed terugzag, raapte het op en
his beautiful toy saw back reaped it up and
picked

snelde ermee weg.
rushed there-with away

"Wacht, wacht," riep de kikker, "neem mij mee, ik
Wait wait called the frog take me along I

kan niet zo snel lopen als jij."
can not so quickly walk as you

Maar wat hielp het hem of hij de prins zo hard
But what helped it him if he the prince so hard

hij	maar	kon	zijn	Kwak-Kwak	nariep.	Die
he	but	could	his	Quack-quack	after-called	That one

luisterde	er	niet	naar,	holde	naar	huis	en	hij
listened	there	not	to	ran	to	house	and	hij

was	de	arme	kikker	die	weer	in	zijn	bron	moest
was had	the	poor	frog	who	again	in	his	well	must

afdalen,	al	gauw	vergeten.
descend	already	soon	forgotten

Toen	hij	de	volgende	dag	met	de	koning	en	de
When	he	the	next	day	with	the	king	and	the

hele	hofhouding	aan	tafel	zat	en	van	zijn	gouden
whole	court	at	table the table	sat	and	of	his	golden

bordje	at,	kwam	daar	klits-klats,	klits-klats
little plate	ate	came	there	pitter-patter	pitter-patter

iets	de	marmeren	trap	opkruipen	en	toen	het
something	the	marble	stairs	crawl up	and	when	the

boven	was	aangeland	klopte	het	op	de	deur	en
above	was	landed	knocked	the	on	the	door	and

riep: "Doe open, prinsje, doe open!"
called Do open little prince do open

De prins liep naar de deur om te zien wie er
The prince walked to the door for to see who there

buiten stond. Toen hij echter opendeed zat de
outside stood When he however open-did sat the
opened

kikker voor de deur. Hij gooide de deur meteen
frog for the door He threw the door immediately

weer dicht, ging weer aan tafel zitten en was
again shut went again at (the) table sit and was

heel bang.
very afraid

De koning zag wel dat zijn hart hevig klopte en
The king saw well that his heart intensely beat and

sprak: "Mijn kind, wat is er, ben je misschien
spoke My child what is there are you maybe

bang dat er een reus voor de deur staat, die je
afraid that there a giant for the door stands who you

wil   meenemen?"
wants   to take along

"Ach, nee," antwoordde de prins, "het is geen reus
Ah   no   answered   the prince   it   is   no   giant

maar een lelijke kikker."
but   an   ugly   frog

"Wat wil die kikker van je?"
What wants that frog   from you

"Ach, lieve vader, toen ik gisteren in het bos bij
Ah   sweet father when I yesterday in the forest at

de bron zat te spelen, viel mijn gouden bal in het
the well sat to play   fell my   golden ball in the

water, en omdat ik zo schreide heeft de kikker
water and because I so   cried   has   the   frog

hem weer naar boven gehaald en omdat hij het
him again to above retrieved and because he   it
it

beslist wilde, beloofde ik hem dat hij mijn
decidedly wanted promised I   him that he   my

vriendje kon worden, maar ik had nooit gedacht
boyfriend could become but I had never thought

dat hij uit het water zou kunnen komen; nu
that he from the water would be able to come now

staat hij daarbuiten en wil bij mij binnenkomen."
stands he out there and wants with me come in

Intussen klopte de kikker voor de tweede maal en
Now knocked the frog for the second time and

riep:
called

"Doe open, prinsje,
Do open little prince

Doe open!
Do open

Weet je niet wat je gisteren
Know you not what you yesterday

Mij hebt beloofd
Me have promised

Bij de koele bron?
At   the   cool   well

Doe open, prinsje,
Do   open   little prince

doe open!"
do   open

Toen zei de koning: "Wat je beloofd hebt,
Then said the king What you promised have

daaraan moet je je ook houden, ga hem maar
thereto must you yourself also keep go him but
                                                  just

opendoen!"
  open-do
open up for

Hij stond op om de deur te openen en daar
He   stood   up   for   the   door   to   open   and   there

sprong de kikker naar binnen en volgde hem
jumped the frog to inside and followed him

op de voet tot aan zijn stoel.
on the foot until to his chair
   closely

Daar zat de kikker dan, en riep: "Til mij op."
There sat the frog then and called Lift me up

De prins aarzelde tot de koning het tenslotte
The prince hesitated until the king it finally

beval. Toen de kikker eenmaal op de stoel zat
ordered When the frog once on the chair sat
finally

wilde hij op de tafel en toen hij daar zat sprak
wanted he on the table and when he there sat spoke

hij: "Schuif nu je gouden bordje dichter naar
he Shove now your golden little plate closer to
Slide

mij toe, zodat wij samen kunnen eten."
me to so that we together can eat

Dat deed de prins wel, maar het was duidelijk te
That did the prince well but it was clear to
indeed

zien dat hij het niet leuk vond. De kikker liet het
see that he it not fun found The frog let it
liked

zich goed smaken, maar de prins bleef bijna
himself good taste but the prince remained almost

iedere hap in de keel steken. Tenslotte sprak de
every bite in the throat stuck Finally spoke the

kikker: "Ik heb mijn buikje rond gegeten en ik
frog I have my little belly round eaten and I

ben moe; draag mij nu naar je kamertje en
am tired carry me now to your room and

maak je zijden bedje op, dan gaan wij slapen."
make your silk little bed -up- then go we sleep

De koningszoon begon weer te huilen en was
The king's son began again to cry and was

bang voor de koude kikker die hij niet durfde
afraid for the cold frog that he not dared

aan te raken en die nu in zijn mooie schone
on to hit and which now in his beautiful beautiful
to touch

bedje moest slapen.
little bed must sleep

Maar de koning werd toornig en sprak: "Iemand
But the king became angry and spoke Someone

die je geholpen heeft in de nood, mag je
who you helped has in the need may you

daarna niet verachten."
there-after not despise

Toen pakte de prins de kikker met twee vingers
Then grabbed the prince the frog with two fingers

op, droeg hem naar boven en smakte hem zo
up carried him to above and smacked him so

hard als hij kon tegen de muur. "Nu kan je
hard as he could against the wall Now can you

rusten, jij lelijke kikker."
rest you ugly frog

Maar toen het beest naar beneden viel was hij
But when the animal to down fell was he
(crude) on the ground

geen kikker meer, maar een koningszoon met
no frog (any)more but a king's son with

mooie vriendelijke ogen. En nu was hij zoals zijn
beautiful friendly eyes And now was he like his

vader wilde, zijn lieve metgezel en echtgenoot.
father wanted his sweet companion and husband

Toen vertelde de kikkerprins hem dat hij door een
Then told the frog prince him that he by an

boze heks was betoverd en dat niemand hem uit
evil witch was enchanted and that nobody him from

de bron had kunnen verlossen dan hij alleen en
the well had been able to free then he alone and

morgen zouden zij samen naar zijn rijk gaan.
tomorrow would they together to his reach go
kingdom

Daarop vielen zij in slaap en de volgende
There-on fell they in sleep and the next
After that asleep

ochtend toen de zon hen wekte kwam er een
morning when the sun them awoke came there a

wagen aanrijden, bespannen met acht witte
cart on-ride harnessed with eight white
carriage arrive

paarden die witte struisveren op het hoofd
horses which white ostrich feathers on the head

hadden en in gouden kettingen liepen en achterop
had / and / in / golden / chains / walked / and / back

stond de dienaar van de jonge koning, dat was de
stood / the / servant / of / the / young / king / who / was / the

trouwe Hendrik.
faithful / Hendrik

De trouwe Hendrik was zo bedroefd geweest toen
The / faithful / Hendrik / was / so / sad / been / when
had

zijn heer in een kikker werd veranderd, dat hij
his / lord / in / a / frog / became / changed / that / he

drie ijzeren banden om zijn hart had laten slaan
three / iron / ties / around / his / heart / had / let / beat

opdat het niet van smart en droefenis zou
so that / it / not / of / grief / and / sadness / would

breken. De wagen moest de jonge koning afhalen
break / The / cart / must / the / young / king / fetch
carriage

om hem naar zijn rijk te brengen. De trouwe
for / him / to / his / reach / to / bring / The / faithful
kingdom

Hendrik hielp hen beiden instappen, ging weer
Hendrik helped them both board went again

achterop staan en was zeer verheugd over de
on the back stand and was very pleased about the

verlossing.
salvation

En toen zij een eind gereden hadden, hoorde de
And when they a bit ridden had heard the

koningszoon een gekraak achter zich alsof er
king's son a cracking behind himself as if there

iets brak. Toen draaide hij zich om en
something broke Then turned he himself around and

riep:
called

"Hendrik, de wagen breekt!"
Hendrik the wagon breaks

"Nee, Heer, het is de wagen niet,
No Lord it is the cart not
carriage

Maar een ring van mijn hart,
But   a   ring   of   my   heart

Die mij steunde in mijn smart,
That me supported in   my   grief

Toen u in de bron ging wonen
When you in the well went live

En u als kikker moest vertonen."
And you as   frog   must   present

Nóg een keer en nóg een keer brak er ijzer op
Still one time and still one time broke there iron on

de weg en de prins dacht steeds dat de koets
the away and the prince thought continually that the coach

brak, maar het waren de ijzeren ringen die van
broke but it were the iron rings that from

het hart van de trouwe Hendrik afvielen, omdat
the heart of the faithful Hendrik dropped off because

zijn heer nu bevrijd en gelukkig was.
his lord now freed and happy was

De Slang Der Wijsheid
The Snake of Wisdom

De Slang Der Wijsheid
The Snake Of The Wisdom

Het is nu al heel lang geleden dat er een
It is now already very long ago that there a

Godin leefde die in de hele wereld beroemd was
Goddess lived who in the whole world famous was

om haar vlijtigheid en om haar wijsheid. Men
for her industriousness and for her wisdom One
They

zei dat alles in het land door haar geschapen
said that everything in the land by her created

was. And daarnaast bleef niets haar onbekend
was And there-next-to remained nothing her unknown

en het leek wel of het nieuws van de meest
and it seemed indeed if the news of the most

verborgen	dingen	door	de	lucht	naar	haar
hidden	things	through	the	air	to	her

toegedragen	werd.
carried towards	became

Zij	had	echter	één	zonderlinge	gewoonte.	Iedere
She	had	however	one	strange	habit	Every

middag,	als	de	tafel	was	afgeruimd	en	er
afternoon	when	the	table	was	cleaned off	and	there

niemand	meer	was,	moest	haar	vertrouwde
nobody	(any)more	was	must	her	trusted

dienaar,	Adam,	een	geheimzinnige	mand
servant	Adam	a	mysterious	basket

binnenbrengen.	Er	zat	een	deksel	op	en	de
bring in	There	sat / was	a	lid	on / on it	and	the

dienaar	wist	zelf	niet	wat	er	onder	lag	en
servant	knew	himself	not	what	there	under	lay	and

niemand	wist	het,	want	de	Godin	lichtte	het
nobody	knew	it	because	the	Goddess	lighted / lifted	the

deksel pas op als de dienaar weg was en zij
lid only up when the servant gone was and she
-

helemaal alleen was.
totally alone was

Dat had zo al een hele tijd geduurd, totdat op
That had so already a whole time lasted until on
one

een dag Adam de dienaar die het mandje moest
a day Adam the servant that the little basket must
one who

wegnemen, zó nieuwsgierig werd dat hij de
take away so curious became that he the

verleiding niet kon weerstaan en de mand naar
temptation not could resist and the basket to

zijn kamer bracht. Toen Adam de deur zorgvuldig
his room brought When Adam the door carefully
After

op slot had gedaan, tilde hij het deksel op en zag
on lock had done lifted he the lid up and saw

dat er een witte slang in het mandje lag. Bij
that there a white snake in the little basket lay At

89

het zien daarvan kon hij niet nalaten het
the see there-from could he not behind-leave it
seeing that refrain

aan te raken. Hij stak zijn hand in de mand en
on to hit He stuck his hand in the basket and
to touch

raakte de slang aan.
hit the snake on
touched -

Nauwelijks had hij het met zijn vinger aangeraakt,
Hardly had he it with his finger touched

of hij hoorde voor zijn venster een wonderlijk
or he heard in front of his window a wondrous

gefluister van fijne stemmetjes. Hij liep naar het
murmuring of fine voices He walked to the
little

raam en merkte dat het mussen waren die met
window and noticed that it sparrows were that with
who

elkaar spraken en die elkaar vertelden wat
each other spoke and that each other told what
who

ze zoal in het veld en in het bos hadden
they so-already in the field and in the forest had

gezien. Doordat hij de slang met zijn vinger had
seen Because he the snake with his finger had

aangeraakt was hij nu in staat de taal der
touched was he now in state the language of the
condition

dieren te verstaan. Maar toen hij zich omdraaide
animals to understand But when he himself turned around

was de slang weg, uit het mandje gekropen.
was the snake gone out (of) the little basket crawled

Niet veel later merkte de Godin dat haar slang
Not much later noticed the Goddess that her snake

van wijsheid opeens was verdwenen en de
of wisdom suddenly was disappeared and the
had

vertrouwde dienaar Adam, die overal toegang
trusted servant Adam that everywhere admission
who

had, werd ervan verdacht hem gestolen te
had became there-from suspected him stolen to
it

hebben. De Godin liet hem bij zich komen,
have The Goddess let him with herself come

schold hem uit en dreigde dat, wanneer hij de
scolded him -out- and threatened that when he the

volgende morgen de dader niet wist
next morning the perpetrator not knew

aan te wijzen, hij ervoor zou worden aangezien
on to point he therefore would become on-seen
to point out as the one assumed

en berecht worden. Het hielp niets of hij zijn
and tried become It helped nothing if he his
judged

onschuld al betuigde, hij werd zonder meer
innocence already expressed he became without more
directly

de kamer uitgestuurd.
the room sent out

Hevig verontrust en angstig ging hij naar
Intensely troubled and fearful went he to

beneden, de tuin in en dacht erover na, hoe hij
down the garden in and thought about it after how he
reflected on it

zich uit de nesten moest redden. Daar zaten de
himself from the nests must save There sat the
his troubles

eenden vredig naast elkaar aan een beekje.
ducks peacefully next to each other on a little brook

Zij streken hun veren glad met hun snavels en
They stroke their feathers smooth with their beaks and
smoothed -

voerden een vertrouwelijk gesprek. De dienaar
carried a confidential conversation The servant
had friendly

bleef staan luisteren.
remained stand listen

Zij vertelden elkaar waar zij die morgen
They told each other where they that morning

zoal hadden rondgescharreld en wat voor
so-already had scurried around and what for

lekker voer zij gevonden hadden. Toen zei er
tasty fodder they found had Then said there

een wat bedrukt: "Er is iets wat mij zwaar
one what downcast There is something what me heavily
a little that

op de maag ligt. Ik heb een slang die onder
on the stomach lies I have a snake which under

het venster van de dienaar kroop, in mijn
the window of the servant crawled in my

gulzigheid helemaal ingeslikt."
gluttony totally swallowed
      as a whole

Toen pakte de dienaar de eend meteen bij de
Then took the servant the duck immediately at the

nek, bracht hem naar de keuken en zei tegen de
neck brought him to the kitchen and said to the

kok: "Slacht deze maar, het is een vette."
cook Slaughter this but it is a fat (one)
      Just slaughter this one

"Ja," zei de kok en woog hem op de hand,
Yes said the cook and weighed him on the hand
      it

"die heeft alle moeite gedaan om zich
that (one) has all trouble done for himself
      itself

vet te mesten en die is er allang aan toe
fat to manure and that (one) is there already long on to
  to fatten   ready for

gebraden te worden." Hij sneed zijn kop af en
roasted to become He cut his head off and
      its

toen hij werd schoongemaakt, vonden zij de
when he became cleaned found they the
it

witte slang van de godin levend in zijn maag.
white snake of the goddess alive in his stomach
its

Nu kon de dienaar zonder moeite zijn onschuld
Now could the servant without trouble his innocence

aan de Godin bewijzen en - daar deze haar
to the Goddess prove and there this (one) her

onrechtvaardigheid weer goed wilde maken, stond
injustice again good wanted to make stood
right allowed

zij Adam toe een gunst te vragen en zij beloofde
she Adam to a grace to ask and she promised
-

hem de hoogste erepost aan haar hof die hij
him the highest honorary post at her court that he
which

maar wenste.
but wished
only

De dienaar sloeg alles af en vroeg alleen om
The servant struck everything off and asked only for
rejected -

een paard en reisgeld, want hij wilde erop
a horse and travel money because he wanted there-(up)on

uittrekken om wat van de wereld te zien.
pull out for what of the world to see
something

Toen Adam's verzoek was ingewilligd ging hij op
When Adam's request was granted went he on

weg en kwam op een dag langs een vijver waar
(his) way and came on a day along a pond where
one

hij drie vissen zag die tussen het riet bekneld
he three fish saw that between the reed trapped
who

zaten en naar water hapten. Hoewel ze zeggen
sat and to water gasped Although they say
after

dat vissen stom zijn, hoorde hij ze toch klagen
that fish stupid are heard he them still complain

dat zij zo ellendig moesten sterven.
that they so miserably must die

Daar hij een medelijdend hart had steeg hij van
There he a compassionate heart had rose he from

zijn paard en gooide de drie gevangenen weer in
his horse and threw the three prisoners again in

het water. Zij spartelden van vreugde, staken hun
the water They floundered of joy stuck their
splashed

kop boven het water uit en riepen hem toe:
head above the water out and called him towards

"Wij zullen aan je denken en het je vergelden
We will on you think and it you up to make

dat je ons gered hebt."
that you us saved have

Hij reed verder en na een poosje scheen het
He rode further and after a little while seemed it

hem toe dat hij voor zijn voeten in het zand een
him -to- that he before his feet in the sand a

stem hoorde. Hij luisterde en hoorde de koning
voice heard He listened and heard the king

van de mieren klagen: "Als de mensen ons nu
of the ants complain When the people us now

maar met die lompe dieren van het lijf bleven.
but with those brutish animals from the body remained
however

Daar trapt dat domme paard met zijn zware
There kicks that stupid horse with his heavy

hoeven zo maar, zonder mededogen mijn
hooves so but without compassion my
just

onderdanen dood."
subjects (to) death

Hij reed een zijweg in en de koning van de
He rode a side way in and the king of the

mieren riep hem toe: "Wij zullen aan je denken
ants called him towards We will on you think
of

en het je terug betalen."
and it you back pay

Zijn weg voerde door een bos waar hij een
His road carried through a forest where he a

ravenvader en een ravenmoeder zag die bezig
raven father and a raven mother saw that busy
who

waren hun jongen uit het nest te werpen.
were their young ones out (of) the nest to throw

"Weg met jullie, galgenbrokken," riepen zij, "wij
Away with you gallows chunks shouted they we

kunnen jullie niet blijven voeden, jullie zijn groot
can you not keep feeding you are big

genoeg om zelf voedsel te zoeken."
enough for yourself food to search

De arme jongen lagen op de grond, fladderden
The poor young ones lay on the ground fluttered

en sloegen met hun vleugels en riepen: "Moeten
and struck with their wings and called Must

wij, hulpeloze kinderen, zelf ons voedsel
we helpless children ourselves our food

zoeken, wij kunnen nog niet eens vliegen. Wij
seek we can still not once fly We
even

zullen hier van honger moeten sterven."
shall here of hunger must die

De brave jongeling steeg af, doodde het paard met
The good young man rose off killed the horse with
dismounted

zijn degen en gaf het als voedsel aan de jonge
his rapier and gave it as food to the young

raven.
ravens

Deze kwamen aanhippen en aten hun buikjes vol.
These came on-hop and ate their tummies full
hopping up

Zij riepen: "Wij zullen aan je denken en het je
They called We will on you think and it you
of

vergelden."
monify
pay back

Nu moest hij zijn eigen benen gebruiken en na
Now must he his own legs use and after

een lange weg afgelegd te hebben en veel landen
a long road laid off to have and many countries
gone

te hebben gezien kwam hij weer bij zijn eigen
to have seen came he again at his own
arrived

stad. Daar was een enorm lawaai en gedrang in
city There was a huge noise and scramble in

de straten en iemand te paard maakte bekend dat
the streets and someone on horse made known that

de dochter van de Godin, Eva een gemaal zocht,
the daughter of the Goddess Eve a husband searched
(archaic)

doch wie naar haar hand wilde dingen moest een
but who to her hand wanted to vie must a
for

moeilijke opgave volbrengen en als hem dat niet
difficult assignment full-bring and if him that not
fulfill

gelukte, dan verspeelde hij zijn leven.
succeeded then forfeited he his life

Velen hadden het al geprobeerd, doch
Many had it already tried but

tevergeefs hun leven op het spel gezet. Toen de
in vain their life on the game set When the
risked

jongeman de Godin haar dochter weerzag was hij
young man the Goddess' her daughter saw again was he

zo verblind door haar grote schoonheid dat hij alle
so dazzled by her great beauty that he all

gevaren vergat. Hij begaf zich naar de Godin bij
dangers forgot He set off himself to the Goddess at

wie hij zich als vrijer meldde.
who he himself as suitor reported

Dadelijk werd hij naar het strand gebracht waar
Immediately became he to the beach brought where

voor zijn ogen een gouden ring in zee
in front of his eyes a golden ring in sea

geworpen werd. De Godin gebood hem deze ring
thrown became The Goddess ordered him this ring

van de zeebodem naar boven te brengen en
from the sea-bottom to above to bring and
to the surface

voegde eraan toe: "Als je zonder die ring
added there-on -to- If you without that ring
to it

bovenkomt dan word je steeds opnieuw in het
come up then become you continually again in the

water gegooid tot je in de golven omkomt."
water thrown until you in the waves perish

Iedereen had medelijden met de schone jongeling,
Everyone had pity with the beautiful young man

maar tenslotte liet men hem eenzaam op het
but finally let one him alone on the
(they)

strand achter. Toen hij daar zo stond en bij
beach behind When he there so stood and at
with

zichzelf overlegde wat te doen, zag hij opeens drie
himself discussed what to do saw he suddenly three

vissen aan komen zwemmen. Dat waren de drie
fish on come swim Those were the three
up

vissen die hij het leven had gered.
fish that he the life had saved
who

De middelste vis had een schelp in zijn bek die
The middle fish had a shell in his jaws that

hij op het strand aan de voeten van de jongeling
he on the beach at the feet of the young man

neerlegde. Deze raapte de schelp op en toen hij
down-layed This one picked the shell up and when he
deposited

hem opende lag de gouden ring erin.
him opened lay the golden ring there-in
it

Opgetogen bracht Adam de ring naar de Godin
Excited brought Adam the ring to the Goddess

en verwachtte dat deze hem nu de toegezegde
and expected that this one him now the promised

beloning zou geven.
reward would give

Maar Eva, de trotse dochter van de Godin
But Eve the proud daughter of the Goddess

versmaadde hem, toen zij hoorde dat hij niet van
scorned him when she heard that he not of

gelijke geboorte was. Zij eiste dat hij eerst nog
equal birth was She demanded that he first still

een tweede opgave zou volbrengen. Eva daalde
a second assignment would full-bring Eve descended
fulfill

af in de tuin en strooide zelf tien zakken
-off- into the garden and sprinkled herself ten bags

gierst in het gras: "Die moet hij morgen voor
(of) millet in the grass That must he tomorrow before

zonsopgang opgeraapt hebben," sprak zij, "en er
sunrise retrieved have spoke she and there

mag geen korreltje aan ontbreken."
may no little grain to lack

De jongeling ging in de tuin zitten en peinsde
The young man went in the garden sit and thought

erover hoe hij deze opgave moest volbrengen,
about it how he this assignment must full-bring
fulfill

maar hij kon niets bedenken. Hij zat daar heel
but he could nothing think He sat there very

bedroefd en verwachtte bij het aanbreken van de
sad and expected at the break of the

dag ter dood gebracht te worden.
day to the death brought to become
to be executed

Maar toen de eerste zonnestralen in de tuin
But when the first sun rays in the garden

vielen, zag hij de zakken alle tien boordevol naast
fell saw he the bags all ten brim-full next to

elkaar staan en er ontbrak geen korreltje aan.
each other stand and there lacked no little grain to

De koning van de mieren was 's nachts met
The king of the ants was at the night with

zijn duizenden en duizenden mieren gekomen.
his thousands and thousands (of) ants come

Vlijtig hadden de dankbare diertjes alle
Industriously had the grateful little animals all

gierst opgeraapt en in de zakken gedaan.
millet retrieved and in the bags done

De Godin's dochter kwam zelf beneden in de
The Goddess' daughter came herself down in the

tuin kijken en zag met verbazing dat de
garden look and saw with stupefaction that the

jongeling volbracht had wat hem was opgedragen.
young man / fulfilled / had / what / him / was / ordered

Maar Eva had de trots in haar hart nog niet
But / Eve / had / the / pride / in / her / heart / still / not

overwonnen en sprak: "Al heeft hij ook de
conquered / and / spoke / Already (Even if) / has / he / also / the

beide opgaven volbracht, ik trouw niet met hem
both / assignments / fulfilled / I / marry / not / with / him

voordat hij mij een appel van de boom des
before / he / me / an / apple / from / the / tree / of the

levens heeft gebracht."
life / has / brought

De jongeling wist niet waar de boom des levens
The / young man / knew / not / where / the / tree / of the / life

stond. Hij ging op weg en was van plan maar
stood / He / went / on / (his) way / and / was / of / plan / just

door te lopen zolang zijn benen hem wilden
on / to / walk / so long / his / legs / him / wanted

dragen maar hij koesterde niet de geringste hoop
to carry but he cherished not the slightest hope

de boom des levens te vinden.
the tree of the life to find

Toen hij, na door drie koninkrijken getrokken te
When he after through three kingdoms to pull to
traveled

zijn, 's avonds in een bos kwam, ging hij onder
be at the evening in a forest came went he under
have

een boom zitten en wilde slapen. Daar hoorde hij
a tree sit and wanted to sleep There heard he

opeens geritsel in de takken en er viel een
suddenly rustling in the branches and there fell a

gouden appel in zijn hand. Tegelijkertijd vlogen
golden apple in his hand At the same time flew

drie raven naar beneden en gingen op zijn knie
three ravens -to- down and went on his knee

zitten. Zij zeiden: "Wij zijn de drie jonge raven
sit They said We are the three young raven(s)

die je van de hongerdood hebt gered. Toen wij
that you from the hunger-death have saved When we
starvation

groot waren en hoorden dat je de gouden appel
big were and heard that you the golden apple
grew up

zocht, zijn wij over de zee gevlogen tot aan het
searched are we over the sea flown until to the

eind van de wereld, waar de boom des levens
end of the world where the tree of the life

staat en daar hebben wij de appel voor je
stands and there have we the apple for you

gehaald."
retrieved

Vol vreugde aanvaardde de jongeling de terugtocht
Full (of) joy accepted the young man the journey back

en bracht de gouden appel aan de mooie dochter
and brought the golden apple to the beautiful daughter

van de dochter die nu geen uitvluchten meer
of the Goddess that now no excuses more
who anymore

had. Eva deelde de appel des levens met Adam
had Eve shared the apple of the life with Adam

en samen aten ze hem op. Toen werd haar hart
and together ate they him up Then became her heart
                        it

vervuld van liefde voor hem en in ongestoord
filled of love for him and in undisturbed

geluk bereikten zij samen een hoge ouderdom.
happiness reached they together a high age

Het Blauwe Mannetje
The Blue Little Man

Het Blauwe Mannetje
The Blue Little Man

Er was eens een soldaat, die de koning jaren
There was once a soldier that the king years
who

lang trouw gediend had, maar toen de oorlog
long faithful served had but when the war

afgelopen was en de soldaat om haar vele wonden
off-walked was and the soldier for her many wounds
run its course had

die zij opgelopen had, niet verder kon dienen,
which she run up had not further could serve
suffered

zei de koning tegen haar: "Je kunt naar huis
said the king to her You can to house
home

gaan, ik heb je niet meer nodig; je krijgt
go I have you not more necessary you get
don't need you anymore receive

verder geen betaling meer, want ik betaal alleen
further no payment more because I pay only
anymore

iemand die in mijn dienst is."
someone that in my service is
who

Toen wist de soldaat niet hoe zij haar leven
Then knew the soldier not how she her life

verder moest doorbrengen; zij ging bezorgd weg
further must through-bring she went worried away
spend

en zwierf de hele dag rond, tot zij 's avonds
and roamed the whole day around until she at the evening

in een bos aankwam. Toen de duisternis viel, zag
in a forest arrived When the darkness fell saw

zij een lichtje, daarop ging ze af en zo kwam
she a little light, there-on went she off and thus came
that is where she went

ze bij een huis waar een boze tovenaar woonde.
she at a house where an evil wizard lived

"Geef me toch onderdak voor de nacht en een
Give me still under-roof for the night and a
please shelter

beetje eten en drinken," vroeg de soldaat aan hem,
little food and drink asked the soldier to him

"anders ga ik dood."
otherwise go I dead
      I will die

"Wat?" zei de tovenaar, "wie geeft er nu
What said the wizard who gives there now

iets aan een afgedankte soldaat? Nu, ik zal
something to a discarded soldier Now I shall
      Well

medelijden met je hebben en je in huis nemen
pity with you have and you in house take

als je doet wat ik van je verlang."
if you do what I from you desire

"Wat wil je dan?" vroeg de soldaat.
What want you then asked the soldier

"Dat je morgen mijn tuin omspit."
That you tomorrow my garden dig around
      dig up

De soldaat stemde toe en werkte de volgende dag
The soldier voted to and worked the next day
      agreed

met	al	haar	kracht,	maar	ze	kon	niet	eerder
with	all	her	strength	but	she	could	not	earlier

klaar	komen	dan	's	avonds.
ready	come	then	at the	evening
finish				

"Ik	zie	al,"	zei	de	tovenaar,	"dat	je	vanavond
I	see	already	said	the	wizard	that	you	tonight

niet	weg	kunt:	ik	zal	je	nog	één	nacht	houden,
not	away	can	I	shall	you	still	one	night	keep

en	daarvoor	moet	je	me	morgen	een	karrevracht
and	before that	must	you	me	tomorrow	a	cartload

hout	kloven	en	klein	hakken."
(of) wood	cleave	and	small	chop
	split			chop up

De	soldaat	had	daar	de	hele	dag	voor	nodig,
The	soldier	had	there	the	whole	day	for	necessary
		needed						-

en	's	avonds	stelde	de	tovenaar	haar	voor,	nog
and	at the	evening	set	the	wizard	her	for	still
			proposed				-	

een	nacht	te	blijven.	"Je	hoeft	morgen	maar	een
a	night	to	remain	You	need	tomorrow	but	a

kleinigheid voor me te doen. Achter mijn huis is
trifle for me to do Behind my house is

een oude, verdroogde bron, daar heb ik mijn licht
an old dried up well there have I my light

in laten vallen; het heeft een blauwe vlam en
in let fall it has a blue flame and

gaat niet uit, en dat moet je voor me opvissen."
goes not out and that must you for me up-fish
does not extinguish

De volgende dag bracht het oude ventje haar
The next day brought the old little chap her

naar de put, en liet haar in een mand naar
to the well and let her in a basket -to-

beneden. Zij vond het blauwe licht en gaf een
down She found the blue light and gave a

teken, dat de tovenaar haar weer op kon halen.
sign that the wizard her again up could haul

Hij trok haar ook op, en toen zij dicht bij de
He pulled her also up and when she close by the
to

rand was, stak hij zijn hand omlaag en wilde het
edge was stuck he his hand down and wanted the

blauwe licht uit haar hand nemen.
blue light from her hand take

"Nee, zo niet," zei zij, want zij merkte zijn lelijke
No so not said she because she noticed his ugly
No not like this

gedachte; "dat licht geef ik niet af voor ik met
thought that light give I not off before I with
away until

mijn beide voeten op de grond sta." Toen werd
my both feet on the ground stand Then became

de tovenaar woedend, liet haar weer zakken en
the wizard furious let her again descend and

ging weg.
went away

De arme soldaat was, zonder verwondingen, op de
The poor soldier was, without injuries, on the

vochtige bodem gevallen en het blauwe licht
moist bottom fallen and the blue light

brandde door; maar wat hielp haar dat? Ze zag
burned on but what helped her that She saw
kept burning

wel, dat dit haar dood moest zijn. Ze ging een
well that this her death must be She went a
indeed

poos zitten, en was treurig.
while sit and was sad

Toevallig greep zij in haar zak en vond haar
Coincidentally grabbed she in her pocket and found her

pijp, die nog half gestopt was. "Dat zal het
pipe which still half stuffed was That shall the

laatste genoegen zijn," dacht zij, haalde hem uit
last pleasure be thought she fetched him from
it

haar zak, maakte vuur aan het blauwe licht en
her pocket made fire on the blue light and
with

begon te roken.
began to smoke

Toen de rook rondtrok in het hol, stond er
When the smoke pulled around in the hollow stood there

opeens een klein blauw mannetje voor haar en
suddenly a small blue little man before her and

zei: "Dame, wat is er van uw dienst?"
said Lady what is there of your service

"Wat heb ik voor dienst te vragen?" antwoordde de
What have I for service to ask answered the

soldaat verwonderd.
soldier surprised

"Ik moet alles doen," zei het mannetje, "wat u
I must everything do said the little man what you

verlangt."
desire

"Best," zei de soldaat, "help me dan eerst uit
Best said the soldier help me then first out (of)
Fine

deze put."
this well

Het mannetje nam haar bij de hand en bracht
The little man took her by the hand and brought

haar door een onderaardse gang, maar ze vergat
her through an underground hallway/tunnel but she forgot

het licht niet. Het liet haar onder 't lopen de
the light not It let her under the walking the

schatten zien die de tovenaar bijeen had
treasures see which the wizard together had

gebracht en daar verstopt had, en de soldaat nam
brought and there hidden had and the soldier took

zoveel goud mee als she dragen kon.
so much gold along as zij carry could

Toen ze boven waren, zei zij tegen het mannetje:
When they above were said she to the little man

"Ga nu de oude tovenaar vastbinden en breng
Go now the old wizard tie up and bring

hem voor 't gerecht." En het duurde niet lang of
him before the court And it lasted not long or

daar kwam hij op een wilde kater met de
there came he on a wild tomcat with the

119

tovenaar vastgebonden en schreeuwend achter
wizard bound and screaming behind

hem en snel als de wind langsgereden; en het
him and quickly as the wind along-ridden and it
driven by

duurde niet lang of het mannetje was terug, "'t Is
lasted not long or the little man was back it Is

al klaar," zei hij, "en de tovenaar hangt al
already ready said he and the wizard hangs already
done

aan de galg."
on the gallows

"En wat beveelt u verder?" vroeg het mannetje.
And what command you further asked the little man

"Op 't ogenblik niets," zei de soldaat, "je kunt
On the moment nothing said the soldier you can
For

naar huis gaan; maar blijf in de buurt, voor als
to house go but stay in the vicinity for when
home

ik je roep."
I you call

"Je hoeft niets anders te doen," zei het mannetje,
You need nothing else to do said the little man

"dan dat je je pijp aan het blauwe licht
than that you your pipe on the blue light
with

aansteekt, dan sta ik dadelijk voor je." En
light then stand I immediately in front of you And

meteen verdween hij toen voor haar ogen.
immediately disappeared he then in front of her eyes

De soldaat keerde naar de stad terug, waar zij
The soldier turned to the city back where she

vandaan kwam. Ze ging naar het beste hotel, liet
from came She went to the best hotel let
inn

mooie kleren maken, en ze beval de waard
beautiful clothes make and she ordered the innkeeper

voor haar een prachtige kamer in te richten. Toen
for her a wonderful room in to aim When
to furnish

het klaar was, en de soldaat die bewoonde,
it ready was and the soldier that one inhabited
it

riep zij het blauwe mannetje en zei: "Ik heb de
called she the blue little man and said I have the

koning trouw gediend, maar hij heeft me
king faithfully served but he has me

weggezonden en me honger laten lijden; daar wil
sent away and me hunger let suffer there want

ik me voor wreken."
I myself for revenge

"Wat moet ik doen?" vroeg de dwerg.
What must I do asked the dwarf

"'s Avonds laat, als zijn zoon al naar bed is,
at the Evening late when his son already to bed is

moet je hem hier brengen; hij moet mijn
must you him here bring he must my

dienstknecht zijn."
servant be

Het mannetje zei: "Dat is voor mij heel
The little man said That is for me very

gemakkelijk; maar voor jou zou het gevaarlijk
easy but for you would it dangerous

kunnen zijn, en als het uitkomt,
be able to be and if it comes out / gets known

krijg je op je kop."
get you on your head
will you get punished

Toen het twaalf uur had geslagen, sprong de deur
When it twelve hour had struck jumped the door

open, en het mannetje kwam de prins
open and the little man came the prince

binnendragen. "Zo, ben je daar?" riep de soldaat,
carry inside So are you there called the soldier

"ga maar flink aan 't werk! Ga een bezem
go but bravely to the work Go a broom
industriously

halen en de kamer vegen."
fetch and the room sweep

Toen hij daarmee klaar was, liet zij hem bij zich
When he there-with ready was let she him by herself
with that to

komen, strekte haar voeten naar hem uit en zei:
come stretched her feet to him out and said

"Trek mijn laarzen uit."
Pull my boots off

Zij gooide ze hem in 't gezicht, en hij moest
She threw them him in the face and he must

ze oprapen, schoonmaken en poetsen. Maar hij
them gather up clean and polish But he

deed alles wat ze hem beval, zonder
did everything what she him ordered without

tegenstribbelen, zwijgend, en met half neergeslagen
to resist silent and with half cast down

ogen. Bij 't eerste hanengekraai droeg het
eyes At the first cock-crowing carried the

mannetje hem weer naar het koninklijk slot en
little man him again to the royal castle and

naar zijn bed terug.
to his bed back

De volgende morgen stond de prins op, ging naar
The next morning stood the prince up went to
got

zijn vader en vertelde hem, dat hij zo'n vreemde
his father and told him that he such a strange
(zo een)

droom had gehad: "Ik werd vliegensvlug door de
dream had had I became flying-fast through the

straten gedragen naar de kamer van een soldaat;
streets carried to the room of a soldier

ik moest haar bedienen als een dienstknecht en
I must her serve like a servant and

allerlei vuil werk doen, de kamer vegen en
all kinds of dirty work do the room sweep and

schoenpoetsen. Het was maar een droom, maar ik
shoe-polish It was but a dream but I

ben zo moe alsof ik het werkelijk had moeten
am so tired as if I it really had must

doen."
do

"Die droom kan geen werkelijkheid zijn geweest,"
That dream can no reality be been
have

sprak de koning, "maar ik wil je wel een raad
spoke the king but I want you well an advice
indeed

geven: doe je zak vol erwten en maak er een
give do you pocket full peas and make there a
fill your pocket with

klein gaatje in; als je weer gehaald wordt, dan
small little hole in if you again retrieved become then

vallen ze en laten een spoor na op straat."
fall they and leave a trail behind on (the) street

Maar terwijl de koning dat zei, was het mannetje
But while the king that said was the little man

ongezien aanwezig en hoorde alles. 's
unseen present and heard everything. at the

Nachts droeg hij de slapende prins weer door de
Night carried he the sleeping prince again through the

straten, en er vielen wel een paar erwten uit
streets and there fell well a few peas from
indeed

zijn zak, maar ze vormden toch geen spoor,
his pocket but they formed still no trail

want het slimme mannetje had van te voren
because the smart little man had of to the front before

erwten rondgestrooid in alle straten van de hele
peas round-strewn / strewn around in all streets of the whole

stad. Maar de prins moest weer al het zware
city But the prince must again already the heavy

werk doen tot de haan kraaide.
work do until the rooster crowed

De volgende morgen zond de koning al zijn
The next morning sent the king already his

bedienden uit om het erwtenspoor te zoeken,
servants out for the peas trail to seek

maar het was vergeefs. Want in alle straten zaten
but it was in vain Because in all streets sat

arme kinderen erwten te zoeken en vertelden:
poor children peas to seek and told:

127

"Vannacht heeft het erwten geregend."
Last night has it peas rained

"We moeten er wat anders op verzinnen,"
We must there something else on make up
                                    for think up

zei de koning, "hou je schoenen aan als je
said the king keep your shoes on when you

gaat slapen, en voor je weggaat moet je er
go sleep and before you go away must you there
                                          of them

daar één achterlaten en verstoppen; ik zal hem
there one leave behind and hide i shall him
over there it

wel weten te vinden."
for sure know to find

Het blauwe mannetje hoorde dat plan, en toen de
The blue little man heard that plan and when the

soldaat 's avonds verlangde, dat hij de prins
soldier at the evening desired that he the prince

weer brengen moest, ried hij het haar af en
again bring must guessed he it her off and
                    advised against

zei, tegen deze list was niets bestand, en als de
said against this trick was nothing proof and if the

schoen bij haar gevonden werd, dan zou het
shoe with her found became then would it

slecht met haar aflopen.
bad with her off-run
end

"Doe wat ik zeg!" zei de soldaat, en de prins
Do what I say said the soldier and the prince

moest ook deze derde nacht als een dienstknecht
must also this third night as a servant

werken, maar vóór hij terug werd gedragen,
work but before he back became carried

verstopte hij een schoen onder het bed.
hid he a shoe under the bed

De volgende morgen liet de koning de hele stad
The next morning let the king the whole city

door naar de schoen van zijn zoon zoeken. En
throughout to the shoe of his son seek And
for

hij werd gevonden; bij de soldaat, en de soldaat
he became found at the soldier and the soldier
it

zelf, die zich op verzoek van het mannetje
herself who herself on request of the little man

uit de voeten had gemaakt, werd buiten de
from the feet had made became outside the
scarce

poort spoedig ingehaald en in de gevangenis
gate soon taken over and in the prison
caught up with

gestopt.
put

Ze had het beste vergeten bij haar overhaaste
She had the best forgotten at her rash

vlucht: het blauwe licht en haar goud. En ze had
flight the blue light and her gold And she had

nog maar één dukaat op zak. Toen zij nu, zwaar
still but one ducat on pocket When she now heavily
only in the

geketend, voor het venster van haar gevangenis
chained in front of the window of her prison

stond, zag zij één van haar oude kameraden
stood saw she one of haar old comrades

voorbijkomen.
pass by

Zij klopte tegen de tralies, en toen de man
She knocked against the bars and when the man

eraan kwam zei zij: "Wees zo goed en haal dat
there-on came said she Be so good and get that
approached

pakje eens, dat ik in de herberg heb laten
little package once that I in the inn have let

liggen; ik geef je een dukaat."
lie I give you a ducat

De kameraad ging erheen en haalde het. Zodra
The comrade went there-to and fetched it As soon as

de soldaat weer alleen was, stak zij haar pijp op
the soldier again alone was stuck she her pipe on
lit -

en liet het blauwe mannetje komen. "Wees niet
and let the blue little man come Be not

bang," zei de dwerg tegen zijn meesteres, "ga maar
afraid said the dwarf to his mistress go but

waar ze je heen brengen, en laat alles
where they you to bring and let everything

gebeuren, alleen, neem het blauwe licht mee."
happen only take the blue light along

De volgende dag werd de soldaat voor het
The next day became the soldier before the

gerecht gebracht en ofschoon zij niets kwaads
court brought and though she nothing evil

had gedaan, veroordeelde de rechter haar toch
had done convicted the judge her still

ter dood. Toen zij nu weggevoerd werd, vroeg
to the death When she now led away became asked

ze de koning om een laatste gunst.
she the king for a last grace

"Wat voor één?" vroeg de koning. "Dat ik
What for one asked the king That I
What kind

onderweg nog een pijp mag roken."
on the way still a pipe may smoke

"Je kunt er drie roken," antwoordde de koning,
You can there three smoke answered the king

"maar je moet niet denken dat ik je 't leven
but you must not think that I you the life

schenk."
grant

Nu haalde de soldaat haar pijp te voorschijn en
Now fetched the soldier her pipe to presence and
into view

stak die aan het blauwe licht aan en toen er
stuck that to the blue light on and when there
lit with up

een paar kringetjes rook waren opgestegen,
a few circles (of) smoke were ascended
had

stond het mannetje er al, met een klein
stood the little man there already with a small

knuppeltje in zijn hand en hij zei: "Wat is er
little bat in his hand and he said What is there

van uw dienst?"
of your service

"Sla die valse rechter tegen de grond, en spaar de
Beat that false judge against the ground and save the

koning niet, die mij zo slecht behandeld heeft."
king not who me so badly treated has

Toen vloog het mannetje als een bliksem zig-zag
Then flew the little man like a lightning bolt zig-zag

heen en weer, en als hij iemand met zijn knuppel
to and fro and as he someone with his bat

maar aanraakte, viel hij op de grond en stond niet
but touched fell he on the ground and stood not
only

meer op. De koning werd heel bang, hij ging
more up The king became very afraid he went
anymore

al liggen en om zijn leven te houden, gaf hij
already lie and for his life to keep gave he

de soldaat het hele koninkrijk en zijn zoon tot
the soldier the whole kingdom and his son to
as

man.

husband

Koningin Snavelneus
Queen Beaknose

Er was eens een koning, en hij had een zoon.
There was once a king and he had a son

Hij was zeldzaam knap, maar ook zo trots en
He was rare / of a rare handsome / handsomeness but also so proud and

overmoedig, dat er geen prinses goed genoeg
overconfident that there no princess good enough

voor hem was. De één na de ander wees hij af,
for him was The one after the other pointed / rejected he off

en bovendien bespotte hij hen nog.
and on top of that mocked he them still / on top

Eens liet de koning een groot feest aanrichten, en
Once let the king a large feast cause create and

nodigde daartoe van nabij en van verre
invited to that from close and from far (away)
(nodigde uit; invited)

de jonge vrouwen uit, die wel met zijn zoon
the young women -from- who indeed with his son

wilden trouwen.
wanted to marry

Ze werden allen op een rij geplaatst, naar rang
They became all on a row placed to rank
after

en stand. Eerst de koninginnen, daarna de
and status First the queens there-after the

hertoginnen, gravinnen en baronessen, tenslotte de
duchesses countesses and baronesses finally the

jonkvrouwes. Nu werd de prins langs de rijen
damsels Now became the prince along the rows
was

geleid; maar er was niemand op wie hij niet
led but there was nobody on who he not

wat aan te merken had.
what on to notice had
something to criticize

De één was te dik: "een Wijnvat!" zei hij. De
The one was too fat a Wine barrel said he The

ander te lang! "Slank en lang heeft geen gang,"
other too tall Slim and long has no walk
silly

zei hij. De derde was te kort: "Dik en kort, moet
said he The third was too short Fat and short must

maar vort," zei hij. De vierde te bleek: "De bleke
just away said he The fourth too pale The pale

dood!" zei hij. De vijfde te rood: "Kalkoen!" zei
death said he The fifth too red Turkey said

hij. De zesde was niet recht genoeg: "groen hout
he The sixth was not straight enough green wood

dat achter de oven gedroogd is!"
that behind the oven dried is

En zo had hij op ieder wat aan te merken,
And so had he on everyone something on to notice
to criticize

maar vooral koos hij als mikpunt een goede
but especially chose he as aim-point a good
(mocking) target

en gerespecteerde koningin, die een enigszins
and respected queen who a somewhat

spitse neus had. "Kijk," riep hij lachend, "die
sharp nose had Look called he laughing that one

heeft een neus als de snavel van een vogel, en
has a nose like the beak of a bird and

sedertdien heette de koningin Snavelneus.
since then was called the queen Beak nose

Maar toen de oude koning zag, dat zijn zoon
But when the old king saw that his son

niets anders deed dan de mensen uitlachen,
nothing else did than the people laugh at

werd hij boos. En hij zwoer een dure eed, dat
became he angry And he swore an expensive oath that
a true

hij de eerste de beste bedelaar tot vrouw zou
he the first the best beggar to wife would
as

krijgen, die aan de deur kwam.
get who on the door came

Een paar dagen later was er een muzikante
A few days later was there a female musician

die op 't slotplein begon te zingen, om een
who on the castle square began to sing for a

kleine aalmoes te krijgen. Toen de koning dat
small handout to get When the king that
alms

hoorde, zei hij: "Laat haar maar boven komen."
heard said he Let her just up come

Daar trad de speelvrouw binnen, met haar vieze
There stepped the play-woman inside with her dirty
music woman

lompen aan, en speelde een deuntje in de hoop
rags on and played a tune in the hope

wat koperstukken te mogen ontvangen.
some copper pieces to may receive

Toen zei de koning: "Uw zingen beviel mij heel
Then said the king Your singing pleased me very

goed, ja, zo goed, dat ik u mijn zoon tot man
well yes so well that I you my son to man
as husband

zal geven." De prins schrok. Maar de koning zei:
shall give The prince (got) scared But the king said

"Ik heb een eed gezworen je te geven aan
I have an oath sworn you to give to

de eerste de beste bedelaar, en die eed zal ik
the first the best beggar and that oath shall I
the first no matter which

houden."
keep

Daar hielp geen praten tegen; ze haalden de
There helped no talk against they fetched the

dominee, en de prins moest meteen met de
pastor and the prince must immediately with the
had to

muzikante trouwen. Toen dat alles gebeurd
female musician marry When that everything happened

was, zei de koning: "Het past nu niet, dat je nog
was said the king It suits now not that you still

als een bedelaar hier in 't paleis blijft; trek nu
as a beggar here in the palace remain pull now
move

maar weg met je vrouw."
just away with your wife

De   bedelares   leidde   de prins   aan   de   hand   naar
The   beggaress   led   the prince by   the hand   to

buiten, en   hij   moest   te   voet   met   haar   mee   gaan.
outside and he   must   on   foot   with her   along go

Ze   kwamen   bij   een   groot   bos;   toen   vroeg   hij:
They came   at   a   large   forest then   asked   he

"Ach, aan   wie   behoort   dat   mooie   bos?"
Ah   to   whom belongs   that beautiful forest

"Dat   is   van   koningin   Snavelneus,   had   je   haar
That   is   from queen   Beak nose   had   you   her
       belongs to

maar   gehuwd,   het   was   van   u!"
only   married   it   was   from you
                       it would have been yours

"Ik   arme   nobelman,   is   het   heus!   Was   ik   maar
I   poor   nobleman   is   it   really Was   I   only

gehuwd   met   Snavelneus!"
married with Beak nose

Toen   kwamen   ze   bij   een   enorm   weiland   met
Then   came   they at   a   huge   pasture   with

honderden koeien. En hij vroeg weer: "Ach, aan
hundreds (of) cows And he asked again Ah to

wie behoort deze grote groene wei?"
whom belongs this large green meadow

"Die is van koningin Snavelneus:
That is from queen Beak nose
belongs to

Had haar gekozen, dan was deze wei van u,
Had her chosen then was this meadow of you
You should have chosen her belonged to

met koeien en al!"
with cows and all

"Ik arme jonkheer maakte de verkeerde keus... Was
I poor squire made the wrong choice Was
Had

ik maar getrouwd met Snavelneus!"
I only married with Beak nose

Daarna trokken ze door een grote stad. Toen
There-after pulled they through a large city Then
moved

vroeg hij weer: "Aan wie behoort die grote,
asked he again To whom belongs that big

mooie   stad?"
beautiful   city

"Die   is   van   koningin   Snavelneus: je
That   is   of   queen   Beak nose   you
                belongs   to

had haar moeten trouwen dan was dit allemaal
had her must marry then was this all
        should have married her

van u!"
of you

"Ik   arme   edelman,   was   ik   maar   getrouwd   met
I   poor   nobleman   was   I   only   married   with

Snavelneus!"
    Beak nose

"Dat vind ik vervelend," zei de bedelares, "dat je
That find I annoying said the beggaress that you

aldoor   iemand   anders   tot   vrouw   wilt   hebben:
continually   someone   else   to   wife   want   have
                            as

ben ik soms niet goed genoeg?"
am I maybe not good enough

Tenslotte bereikten ze een heel klein huisje. De
Finally reached they a very small cottage The

prins zei geschrokken: "Wat is dat voor een hutje
prince said scared What is that for a little hut

klein, Van wie kan dit armzalig huisje zijn?"
small Of whom can this poor little house / cottage be

De bedelares antwoordde: "Stop nou maar met dat
The beggaress answered Stop now only / Just stop with that

lullige rijmen van je. Dit is mijn huis en ook
dickish / lame rhyming of yours This is my house and also

jouw huis, het huisje van ons beiden waarin we
your house the little house / cottage of us both where-in we

samen zullen wonen."
together shall live

Hij moest bukken om door het lage deurtje te
He had to stoop for through the low little door to

gaan. "Waar zijn de bedienden?" vroeg de prins.
go Where are the servants asked the prince

145

"Wat bedienden!" antwoordde de bedelares, "je
What servants answered the beggaress you

moet zelf maar doen, wat je gedaan wilt
must yourself only do what you done want

hebben! Maak meteen vuur aan en zet water op,
have Make immediately fire on and put water on
Light -

zodat je gauw wat eten kookt, want ik ben flink
so that you soon some food cook because I am firmly
will cook quite

moe."
tired

Maar de prins kon geen vuur aanmaken en geen
But the prince could no fire create and no

eten koken, en de bedelares moest zelf helpen,
food cook and the beggaress must herself help

als er nog wat van terecht moest komen.
if there still some of to-right must come
finished should be

Toen ze 't magere maal hadden gegeten, gingen
When she the meager meal had eaten went

ze naar bed, maar vroeg in de morgen haalde de
they to bed but early in the morning fetched the

bedelares hem het bed uit, want hij moest 't
beggaress him the bed out because he must the

huis in orde maken.
house in order make
            clean

Een paar dagen leefden ze zo op deze manier zo
A few days lived they so on this way as
                              in

goed en zo kwaad als het ging en
good and as bad as it went and

aten hun hele voorraad op. Toen zei de vrouw:
ate their whole stock up Then said the woman
      finished their whole pantry   wife

"Man, dat gaat zo niet, alleen maar opeten en
Man that goes so not only just up eat and
Husband

niets verdienen; jij moet maar manden gaan
nothing earn you must but baskets go
                  should just

vlechten."
weave

Zij ging uit en sneed wilgentenen en bracht hem
She went out and cut willow-toes and brought him
wicker branches

die thuis; hij trachtte te vlechten; maar de harde
those at home he tried to weave but the hard

staken maakten zijn tere handen vol wonden.
stakes made his delicate hands full (of) wounds
pricked

"Ik zie wel dat dat niet gaat," zei de vrouw,
I see well that that not goes said the woman
wife

"probeer dan maar te spinnen, misschien gaat dat
try then just to spin maybe goes that

beter."
better

De prins ging zitten en poogde te spinnen, maar
The prince went sit and attempted to spin but

de harde draad sneed hem zo in zijn tere huid,
the hard thread cut him so in his delicate skin

dat 't bloed erlangs drupte.
that the blood along it dripped

"Zie je," zei de vrouw, "voor geen enkele arbeid
See you said the woman for no single labor
wife

deug je, ik ben slecht uit met jou. Wat ik nu
are good you I am bad out with you What I now
off

wil proberen is, een handeltje in potten en
want to try is a little trade in pots and

pannen op te zetten, ga dan naar de markt en
pans up to set go then to the market and
to start

verkoop ze."
sell them

"Ach," dacht de prins, "als dan op de markt
Ah thought the prince if then on the market

mensen komen uit 't land van vader, en ze
people come from the land of father and they

zouden me daar zien zitten en potten en pannen
would me there see sit and pots and pans

verkopen, wat zullen ze me dan
sell what will they me then

voor de gek houden!" Maar er hielp niets aan,
for the fool hold But there helped nothing -to-
make fun of

hij moest zich wel schikken, wilde hij niet van
he must himself well arrange wanted he not of
indeed suit

honger omkomen.
hunger perish

De eerste keer ging het heel goed, want de
The first time went it very good because the
well

mensen kochten graag van zo'n knappe man, en
people purchased eagerly from such a handsome man and

ze betaalden hem wat hij vroeg, ja sommigen
they paid him what he asked yes some

gaven hem geld en lieten hem de waren houden.
gave him money and let him the wares keep

Van die verdiensten leefden ze zo lang het
Of those earnings lived they so long it

duurde, en de vrouw kocht weer een grote
lasted and the woman bought again a large
wife

hoeveelheid nieuwe potten in. Daar ging de prins
quantity *(of) new* *pots* *-in-* *There* *went* *the* *prince*

mee op de hoek van de markt zitten,
with *on* *the* *corner* *of* *the* *market* *sit*

stalde het rond zich uit en bood ze te koop
put *it* *around* *himself* *out* *and* *offered* *them* *for* *sale*
set it up around himself

aan.
-on-

Opeens kwam er een dronken amazone over de
Suddenly *came* *there* *a* *drunk* *amazon* *over* *the*
female rider

markt jagen, ze reed juist door zijn potten en
market *chase* *she* *rode* *just* *through* *his* *pots* *and*
exactly

alles sprong in duizend scherven. De prins
everything *jumped* *in* *thousand* *shards* *The* *prince*
exploded *a thousand*

begon te huilen en wist van angst niet, wat hij
began *to* *cry* *and* *knew* *of* *fear* *not* *what* *he*

moest beginnen. "O, wat zal er nu gebeuren!"
must *begin* *Oh* *what* *shall* *there* *now* *happen*

riep   hij, "en wat zal mijn vrouw zeggen!" Hij
called (out) he   and what shall my   woman   say   He
                                              wife

liep   naar huis en vertelde haar het ongeluk.
walked to   house and told   her   the accident
             home

"Wie gaat er   nu ook op de hoek van de markt
Who   goes there now also on the corner of   the market

zitten met breekbare waar!" zei de vrouw. "Huil
sit   with fragile   ware   said the woman   Cry

nu   maar   niet, ik zie wel   dat   je   voor geen
now   however not   I   see indeed that you for   no

enkel   werk geschikt bent. Nu   ben ik in 't   slot
single work suited   are   Now am   I   in the castle
                                    have

van onze koningin geweest en   ik heb   gevraagd of
of   our   queen   been   and I   have asked   if

ze   geen keukenknecht   konden gebruiken, en   ze
they no   kitchen servant could   use   and they

hebben beloofd   dat   ze   je   nemen zouden: vrije
have   promised that they you take   would   free

kost."
food

Nu werd de prins keukenknecht, moest doen wat
Now became the prince kitchen servant must do what

de kokkin zei en het vuilste werk doen. In allebei
the cook said and the dirtiest work do In both

zijn zakken stopte hij een potje, waar hij alles
his pockets put he a little jar where he everything

in deed wat hij aan restjes kon verzamelen; en
in did what he on leftovers could collect and
put of

dat was hun voedsel.
that was their food

Toen gebeurde het, dat de bruiloft van de oudste
Then happened it that the wedding of the oldest

dochter van de koningin gevierd zou worden; de
daughter of the queen celebrated would become the

arme jongen liep naar boven om van achter de
poor boy walked to up for from behind the
upstairs

zaaldeur een kijkje te nemen.
hall door   a   little look to   take

Toen de lichten waren ontstoken en de gasten, de
When the lights were lit and the guests the

één nog fraaier uitgedost dan de ander,
one still prettier decked out than the other

binnenkwamen, en alles vol pracht en
entered and everything full (of) beauty and

heerlijkheid was, dacht hij bedroefd aan zijn lot
glory was thought he sadly to his fate

en verwenste zijn trots en zijn overmoed, die
and cursed his pride and his overconfidence which

hem ten val hadden gebracht en oorzaak waren
him to the fall had brought and cause were

van zijn bittere armoe.
of his bitter poverty

Van de heerlijke gerechten die in- en uitgedragen
Of the delightful dishes that in and out-carried

werden, wierpen de lakeien hem soms resten
became threw the lackeys him sometimes leftovers

toe, hij deed de brokken in de voorraadpotjes in
towards he did the chunks in the little provision jars in
put

zijn schort en wilde dat stil naar huis
his apron and wanted that quietly to house

meenemen. Opeens was daar een rijk uitziende
take along Suddenly was there a rich looking

vrouw, die was gekleed in zijde en fluweel en die
woman who was dressed in silk and velvet and who

een gouden ketting met edelstenen om de hals
a golden chain with gems around the neck

had.
had

Toen de edelvrouwe de knappe knecht aan de
When the noblewoman the handsome servant at the

deur zag staan, greep ze zijn hand en vroeg hem
door saw stand grabbed she his hand and asked him

155

ten   dans,   en de prins   schrok,   want   hij zag
to the dance   and the prince scared   because he   saw
for a   got scared

opeens   dat het koningin Snavelneus was, die naar
suddenly that it   queen   Beak nose   was   who to
                                                    after

zijn hand gedongen had en   die hij met   een
his   hand asked   had and who he   with a

spotnaam   had afgescheept.
mock name had shipped off
                dismissed

Hij weigerde, maar zijn tegenstreven gaf   niets,
He   refused   but   his   opposing   gave   nothing
                            refusal   mattered

de   koningin trok   hem   in   de   zaal, daar   scheurde
the queen   pulled him   into the hall   there tore

de   band van het schort, waarin   hij de   potjes
the band of   the apron   where-in   he   the little jars

bewaarde   en   ze   rolden de   zaal in en   de   soep
safeguarded and they rolled the hall in and the soup
kept

en   de   brokken bemorsten   de   vloer.
and the chunks   spilled on   the floor

Toen de mensen dat zagen ontstond er een
When the people that saw emerged there a

algemeen gelach en gehoon; en hij was zo
general laughter and mocking and he was so

beschaamd, dat hij zich liever duizend mijl
ashamed that he himself rather (a) thousand mile(s)

onder de grond had gewenst, dan nog langer in
under the ground had desired then still longer in

het paleis te verblijven.
the palace to remain

Hij vloog naar de deur en wilde ontsnappen, maar
He flew to the door and wanted to escape but
ran

nog op de trap haalde iemand hem in en bracht
still on the stairs fetched someone him in and brought
overtook someone him

hem weer naar de zaal, en toen hij die persoon
him again to the hall and when he that person

aankeek, was het weer koningin Snavelneus.
looked at was it again queen Beak nose

Ze zei vriendelijk tegen hem: "Wees niet bang; ik
She said friendly to him Be not afraid I

en de bedelares die met u in 't armoedige
and the beggaress who with you in the shabby

hutje gewoond heeft, zijn één en dezelfde
little hut lived has are one and the same

persoon, ter wille van jou heb ik me zo
person, for the will of you have I myself so
sake

verkleed en de amazone die je potjes en
dressed up and the amazon who your little jars and

pannetjes in gruzelementen reed, dat was ik ook.
little pans in smithereens rode that was I also

Dat alles is gebeurd om je hoogmoed te
That everything is happened for your pride to
has

breken, waarmee je mij bespot had."
break with which you me mocked had

Toen begon de prins bitter te huilen en zei:
Then began the prince bitterly to cry and said

"Groot onrecht heb ik tegen je gedaan en ik ben
Great injustice have I against you done and I am

't niet waard, je man te zijn."
it not worth your man to be
*   husband*

Maar zij zei: "Troost je, de boze dagen zijn
But she said Console yourself the evil days are
*   bad*

nu voorbij; nu gaan we onze bruiloft vieren." Daar
now past now go we our wedding celebrate There

kwamen de kamerdienaars aan en kleedden hem
came the chamberlains on and dressed him
arrived   -

in de prachtigste gewaden, en zijn vader kwam,
in the most beautiful garments and his father came

en het hele hof en ze wensten hem geluk
and the whole court and they wished him happiness

met zijn huwelijk, en met koningin Snavelneus, en
with his marriage and with queen Beak nose and

dat begon nu pas. Ik wou dat jij en ik er
that began now only I wanted that you and I there
*   wished*

ook bij geweest waren.
also at been were

Sneeuwwitje en Rozerood
Snow-white and Rose-red

Sneeuwwitje en Rozerood
Snow white   and   Rose red

Een   arme   weduwe   leefde   in   een   hutje   en
A   poor   widow   lived   in   a   little hut and

voor   het   hutje   was   een   tuin   en   daar
in front of the little hut   was   a   garden and there

stonden twee rozeboompjes in, en de een had
stood   two   little rose trees in   and the one had

witte en de andere rode rozen; en ze had twee
white and the other   red   roses   and she had two

kinderen   en   die   leken   zo   op   die   twee
children   and those seemed   so   on   those   two
                        looked   like

rozeboompjes, en het ene heette Sneeuwwitje en
little rose trees and the one was called   Snow white   and

het andere Rozerood.
the   other   Rose red

Maar ze waren heel slim en vriendelijk, en ook
But they were very smart and friendly and also

ijverig en flink, zoals er zelden kinderen op
diligent and brave like there rarely children on

aarde zijn geweest, alleen was Sneeuwwitje
earth are been only was Snow white
     have

wat stiller en zachter dan Rozerood.
(some)what more quiet and softer then Rose red

Rozerood hield ervan om in de bossen en velden
Rose red held from it for in the forests and fields
    loved it

rond te rennen en te springen en bloemen en
around to run and to jump and flowers and

vogels te zoeken, of over de paden en de weiden
birds to seek or over the paths and the meadows

te razen op haar paard.
to race on her horse

Sneeuwwitje zat liever thuis bij moeder, hielp
Snow white sat rather at home with mother helped

haar met 't huishouden, of, als er niets te
her with the housekeeping or if there nothing to

doen was, las ze haar moeder voor uit een van
do was read she her mother to from one of
aloud to her mother

de vele boeken die ze bezat.
the many books that she owned

De kinderen hielden zoveel van elkaar, dat ze
The children held so much of each other that they
loved -

altijd hand in hand liepen als ze samen
always hand in hand walked when they together

uitgingen; en als Sneeuwwitje zei: "We gaan nooit
went out and as Snow white said We go never

uit elkaar," dan vulde Rozerood aan: "Zolang we
from each other then filled Rose red on So long we
added -

leven, nooit!" en de moeder voegde eraan toe:
live never and the mother added there-on to

"Wat de één heeft, moet ze delen met de andere."
What the one has must she share with the other

Dikwijls liepen ze alleen in het bos om rode
Often walked they alone in the forest for red

bessen te plukken, maar geen dier deed hun enig
berries to pick but no animal did them any

kwaad, ja, ze kwamen dikwijls aangelopen en
harm yes they came often walked up and

deden heel vertrouwelijk: een haasje at een
did very confidentially a little hare ate a
acted friendly

koolblad uit hun hand, een ree graasde naast
cabbage leaf from their hand a roe grazed next to

hen; het hert kwam vrolijk langs hen gesprongen,
them the deer came cheerful along them jumped

en de vogels bleven zitten en zongen hun
and the birds remained sit and sang their

mooiste liedjes.
most beautiful songs

Nooit kregen ze een ongeluk: als het in 't bos
Never got they an accident when it in the forest

laat was geworden en de nacht al viel, dan
late was become and the night already fell then
had

gingen ze naast elkaar op 't mos liggen slapen
went they next to each other on the moss lie sleep

tot de volgende morgen, en dat wist de moeder
until the next morning and that knew the mother

en ze maakte zich over hen geen zorgen. En
and she made herself about them no worries And

eens op een keer toen ze ook weer in 't bos
once on a time when they also again in the forest

hadden geslapen, en ze gewekt werden door het
had slept and they woken up became by the

morgenrood, zagen ze een mooi, groengekleed
morning red saw they a beautiful green-clad

kind bij hen zitten. Toen stond het kind op en
child with them sit Then stood the child up and

keek hen heel vriendelijk aan, maar het sprak
looked them very friendly at but it spoke

geen woord en ging het bos weer in. En toen
no word and went the forest again in And when

ze opkeken, zagen ze dat ze vlak bij een
they looked up saw they that they right at an

afgrond hadden geslapen en dat ze daar zeker in
abyss had slept and that they there surely in

waren gevallen, als ze in de duisternis nog een
were fallen if they in the darkness still a
(would have)

paar passen verder waren gegaan. Maar hun
few paces further were gone But their

moeder zei, dat het een bos elf moest zijn
mother said that it the forest elf must be
have

geweest die de wacht houdt over goede kinderen.
been who the guard keeps over good children
guards

Sneeuwwitje en Rozerood hielden het hutje van
Snow white and Rose red kept the little hut of

hun moeder zo keurig, dat het een plezier was
their mother so neat that it a pleasure was

ernaar te kijken. Tijdens de zomer deed Rozerood
at it to look During the summer did Rose red

het huishouden en zette elke morgen voor haar
the housekeeping and put each morning for her

moeder, voor ze wakker werd, een bos bloemen
mother before she awake became a bunch (of) flowers

neer, van elke boom één roosje. In de winter
down of each tree one little rose In the winter

maakte Sneeuwwitje het vuur aan en hing de
made Snow white the fire on and hung the

ketel aan de haak, een koperen ketel, die glansde
kettle on the hook a copper kettle that shined

als goud, zo prachtig was hij geschuurd. In de
as gold so wonderful was he sanded In the
it

avond, als de vlokken neervielen, dan zei moeder:
evening when the flakes fell down then said mother

"Kom Sneeuwwitje, schuif de grendel voor de
Come Snow white slide the latch in front of the

deur." En dan gingen ze bij de haard zitten, en
door And then went they at the fireplace sit and

moeder nam haar bril en ging hun voorlezen
mother took her glasses and went them read aloud

uit een heel groot boek, en de beide meisjes
from a very large book and the both girls

luisterden en zaten te spinnen; naast hen lag een
listened and sat to spin next to them lay a

lammetje op de vloer en achter hen, op een kruk,
little lamb on the floor and behind them on a stool

zat een witte duif, z'n kop onder de vleugel.
sat a white pigeon his head under the wing

Op een avond – ze zaten weer zo veilig bij
On a evening they sat again so safe with

elkaar, klopte iemand aan de deur, alsof ze
each other knocked someone on the door as if they

vroegen om te worden binnengelaten. Moeder zei:
asked for to become admitted Mother said

"Gauw, Rozerood, doe eens open, 't zal een
Quick Rose red do once open it shall a

reiziger zijn die onderdak vraagt." Rozerood stond
traveler be who under-roof asks Rose red stood
shelter

op, schoof de grendel weg en dacht dat het een
up moved the latch away and thought that it a

arme zwerver zou zijn, maar dat was het niet;
poor vagabond would be but that was it not

het was een grote beer die, staand op de
it was a large bear which standing on the

achterpoten met dikke zwarte voorpoten
hind legs with fat black front legs

uitgestrekt naar binnen stapte.
extended to inside stepped

Rozerood gilde het uit en deed een sprong
Rose red screamed it out and did a jump

achteruit; het lammetje ging blaten, het duifje
backwards the little lamb went bleat the pigeon

fladderde angstig, en Sneeuwwitje kroop achter de
fluttered fearful and Snow white crept behind the

stoel van haar moeder. Maar de beer kon praten
chair of her mother But the bear could talk

en zei met een zachte en vriendelijke stem:
and said with a soft and friendly voice

"Wees niet bang, ik zal u geen kwaad doen,
Be not afraid I shall you no harm do

maar ik ben half verkleumd en ik zou me
but I am half chilled and I would myself
numb from the cold

zo graag hier warmen."
so eagerly here warm

"Arme beer," zei de moeder, "ga maar voor het
Poor bear said the mother go but in front of the
just go

vuur liggen en let erop, dat je je pels niet
fire lie and note there-(up)on that you your fur not

schroeit."
sear
burn

En daarna riep ze: "Sneeuwwitje, Rozerood,
And there-after called she Snow white Rose red

kom eens tevoorschijn, die beer doet niets, ze
come once into view that bear does nothing she
show yourself

meent het goed."
means it good
well

Toen kwamen ze allebei dichterbij, en
Then came they both closer and

langzaamaan kwamen ook het duifje en het
slowly came also the little pigeon and the

lammetje dichterbij, en waren niet bang.
little lamb closer and were not afraid

De beer zei: "Kinderen, klop de sneeuw toch een
The bear said Children knock the snow still a

beetje uit m'n vacht!" en ze haalden de bezem
little bit from my coat and they fetched the broom
got

en veegden haar vacht schoon; en toen ging ze
and swept her coat clean and then went she

voor het vuur liggen en knorde heel behaaglijk
in front of the fire lie and grunted very agreeably

en tevreden. Het duurde niet lang of de meisjes
and satisfied It lasted not long or the girls

raakten helemaal vertrouwd met de beer en
became totally familiar with the bear and

begonnen het beest een beetje te plagen.
started the beast a little bit to tease

Ze trokken aan haar haar, zetten hun voeten op
They pulled on her hair put their feet on

haar rug, en sjorden haar naar alle kanten, of ze
her back and dragged her to all sides or they

namen een hazeltak en sloegen haar daarmee,
took a hazel branch and struck her there-with
whipped with it

en als ze bromde, gingen ze lachen. Maar de
and if she growled went they laugh But the
started to laugh

beer vond het wel aardig, en als ze het wat
bear found it well nice and as she it (some)what

al   te bont maakten, riep ze:
already too colorful   made   called she
            extreme   did

"Laat me toch leven, kinders,
Let   me   still   live   kids

Sneeuwwitje, Rozerood,
Snow white   Rose red

jullie slaan je vriendin nog dood!"
you   strike your girlfriend still (to) death
              (friend)

Toen het bedtijd was, en de anderen gingen
When the bedtime was and the others   went

slapen, zei de moeder tegen de beer: "Je kunt
to sleep said the mother to the bear You can

daar wel bij de haard blijven liggen, dan heb je
there well at the fireplace remain lie   then have you

beschutting voor de kou en het slechte weer."
shelter   for the cold and the bad weather

En met het eerste morgenlicht, lieten de kinderen
And with the first morning light let the children

het dier weer uit, en draafde de beer door de
the animal again out and trotted the bear through the

sneeuw naar het bos.
snow to the forest

Van nu af aan kwam de beer iedere avond op
From now off on came the bear every evening on
onwards

een vaste tijd, ging bij de haard liggen, en liet
a fixed time went at the fireplace lie and let

de meiden met zich spelen, zoveel ze wilden;
the girls with herself play so much they wanted

en ze raakten er zo aan gewend, dat de deur
and they became there so on used that the door

niet eerder gegrendeld werd, voor het vriendelijke
not earlier locked became before the friendly

grote beest binnen was.
large beast inside was

Toen de lente kwam en buiten alles groen
When the Spring came and outside everything green

werd, zei de beer op een morgen tegen
became said the bear at one morning to

Sneeuwwitje en Rozerood: "Nu moet ik weg, en ik
Snow white and Rose red Now must I away and I

mag de hele zomer niet meer terugkomen."
may the whole summer not (any)more come back

"Waar ga je dan naar toe, lieve beer?" vroeg
Where go you then to to sweet bear asked
are you going then

Sneeuwwitje.
Snow white

"Ik moet naar 't bos op mijn schatten passen
I must to the forest on my treasures guard

tegen de boze dwergen; 's winters, als de grond
against the evil dwarves of the winters as the ground

bevroren is, moeten ze wel beneden blijven en
frozen is must they well down remain and

dan kunnen ze niet doorwerken, maar nu, nu
then can they not on work but now now
(continue working)

de zon de aarde heeft ontdooid en verwarmd,
the sun the earth has thawed and heated

breken ze door, komen naar boven, en ze
break they through come to above and they

zoeken wat te stelen; en wat eenmaal in hun
seek something to steal and what once in their

handen is gevallen en in hun hol is gekomen, dat
hands is fallen and in their den is come that
has

krijg je zo makkelijk niet weer in 't daglicht."
get you so easily not again in the daylight

Vooral Sneeuwwitje was heel bedroefd over dat
Especially Snow white was very sad about that

afscheid, en toen ze de grendel van de deur
leave and when she the latch off the door

schoof en de beer eruit glipte, bleef de vacht
moved and the bear out of it slipped remained the coat

van het dier aan de haak hangen en een stuk
of the animal on the hook hang and a piece

van haar huid ging kapot, en toen leek het
of her skin went broken and then seemed it
got torn

Sneeuwwitje alsof ze goud had zien blinken, maar
(to) Snow white as if she gold had seen shine but

ze was er niet zeker van. De beer snelde vlug
she was there not certain of The bear rushed quickly

weg en was weldra achter de bomen verdwenen.
away and was soon behind the trees disappeared

Na een poosje zond de moeder haar kinderen
After a little while sent the mother her children

naar het woud om takkebosjes te maken. Buiten
to the forest for twig bundles to make Outside

vonden ze een grote boom die geveld op de
found they a large tree that felled on the

aarde lag, en bij die stam sprong iets tussen
earth lay and at that trunk jumped something between

het gras omhoog en naar beneden, maar ze
the grass up and to down but they

konden niet precies zien, wat.
could   not   exactly   see   what

Toen ze dichterbij kwamen, zagen ze een dwerg
When   they   closer   came   saw   they   a   dwarf

met een heel oud, gerimpeld gezichtje en een hele
with   a   very   old   wrinkled   little face   and   a   very

lange grijze baard.
long   gray   beard

Het einde van de baard was vastgeklemd in een
The   end   of   the   beard   was   stuck-clamped   in   a

spleet van de boom, en het kleine manneke
crack   of   the   tree   and   the   small   little man
(also in Flemish)

sprong heen en terug als een hondje aan de lijn,
jumped   to   and   back   as   a   little dog   on   the   leash

en wist niet hoe hij los moest komen.
and   knew   not   how   he   loose   must   come

Hij keek de meisjes met zijn rode, gloeiende ogen
He   looked   the   girls   with   his   red   glowing   eyes
looked at

aan en riep: "Wat staan jullie daar? Kunnen jullie
at and called What stand you there Can you
-

niet hier komen en me helpen?"
not here come and me help

"Maar wat ben je nu begonnen, klein mannetje?"
But what are you now started small little man
have

vroeg Rozerood.
asked Rose red

"Domme, nieuwsgierige gans!" antwoordde de
Stupid curious goose answered the

dwerg, "ik heb die boom willen splijten, om
dwarf I have that tree want split for

houtjes te hebben voor het keukenvuur;
little woods to have for the kitchen fire
little pieces of wood

want als je dikke blokken hebt, verbrandt het
because if you thick logs have burns the

kleine beetje eten dat wij maar nodig hebben;
small little bit (of) food that we only necessary have

want   wij slokken niet zoveel op als jullie grof,
because we   gulp   not so much up   as   you   coarse

begerig volk. Ik had er de wig   al   een eind
gluttonous people I had there the wedge already a   bit

ingedreven, en   alles   was goed gegaan, als dat
driven in   and everything was good   gone   if that
pushed in

ellendige hout maar niet zo glad   was geweest,
miserable wood but   not   so smooth was   been
                                slippery had

opeens sprong de wig   eruit, en de boomspleet
suddenly jumped the wedge out of it and the   tree gap

ging dicht; zo plotseling, dat ik er   mijn mooie
went closed   so suddenly   that I there my beautiful

grijze baard niet meer uit kon halen; nu zit hij
gray   beard   not more from could fetch now sit he

vast, en ik kan niet weg! En nu lachen jullie
stuck and I can not away And now laugh   you

melkmuilen! Bah, wat zijn jullie een plaaggeesten!"
milk-mouths   Bah what are   you   a   tease-ghosts

Intussen deden de meisjes alle mogelijke moeite,
Meanwhile did the girls all possible trouble

de baard los te krijgen, maar het ging niet. "Ik
the beard loose to get but it went not I
succeeded

ga gauw iemand halen," zei Rozerood.
go quickly someone fetch said Rose red

"Oliedomme schaapskoppen!" snauwde de dwerg,
Oliedomme sheepshead snapped the dwarf

"wie haalt er nu dadelijk iemand bij, jullie
who fetches there now immediately someone with you

zijn er al twee teveel, weet je niets beters
are there already two too much know you nothing better

te vinden?"
to find

"Wees nu niet zo ongeduldig," zei Sneeuwwitje, "ik
Be now not so impatient said Snow white I

zal wel wat bedenken," en ze haalde een
shall well what think of and she fetched a
something

schaartje uit haar zak en knipte het eind van
little scissors from her pocket and cut the end of

de baard af.
the beard off

Nog maar net voelde de dwerg zich vrij, of hij
Still only just felt the dwarf himself free or he

greep naar een zak, die tussen de wortels van de
grabbed to a bag that between the roots of the

boom lag en met goud was gevuld, hij tilde hem
tree lay and with gold was filled he lifted him
it

op, en bromde voor zich uit. "Onbehouwen volk,
up and growled for himself out Rude folk

dat snijdt me zo maar een stuk van mijn prachtige
that cuts me so just a piece of my wonderful

baard af! Dank je de koekoek!" en daarmee
beard off Thank you the cuckoo and there-with
No thanks!

slingerde hij z'n zak op z'n rug en liep weg,
flung he his bag on his back and walked away

zonder de kinderen zelfs maar aan te kijken.
without the children even but on to look
only to look at

Een tijd later wilden Sneeuwwitje en Rozerood
A time later wanted Snow white and Rose red

samen een maaltje vis gaan vangen. Toen ze
together a little meal (of) fish go catch When they

vlakbij de beek waren, zagen ze, dat iets als
near the stream were saw they that something like

een reuzegrote sprinkhaan naar 't water toe
a giant grasshopper to the water towards

sprong, alsof hij erin wilde springen.
jumped as if he in it wanted to jump

Ze liepen erheen en herkenden de dwerg. "Waar
They walked there-to and recognized the dwarf Where

wil je naar toe?" vroeg Rozerood, "je wou toch
want you to to asked Rose red you wanted indeed
go to

niet 't water in?"
not the water in

"Zo'n gek ben ik niet!" schreeuwde de dwerg,
Such a madman am I not screamed the dwarf

"zien jullie dan niet, dat die verwenste vis me
see you then not that that cursed fish me

erin wil trekken?"
there-in wants to pull

Het kleine wezen had er zitten vissen, en helaas
The small being had there sit fish and alas

had de wind z'n baard in de hengel verward; en
had the wind his beard in the rod tangled and

toen vlak daarna een grote vis beet, had het
when right there-after a large fish bit had the
caught

kleine schepsel kracht te kort, om het eruit te
small creature strength too short for it there-out to
little

halen. De vis was de sterkste en trok de dwerg
haul The fish was the strongest and pulled the dwarf

naar zich toe. Wel hield hij zich aan alle
to himself towards Well held he himself to all

halmen en rietpluimen vast, maar dat hielp niet
stalks and reeds stuck but that helped not

veel: hij moest alle bewegingen van de vis volgen
much he must all movements of the fish follow

en was steeds in gevaar in 't water te worden
and was continually in danger in the water to become

getrokken.
pulled

De meisjes kwamen precies op tijd; ze hielden
The girls came exactly on time they held

hem vast en probeerden de baard van de hengel
him stuck and tried the beard from the rod

los te maken, maar dat hielp weinig; baard en
loose to make but that helped little beard and

snoer zaten vast in elkaar. Er bleef niets
line sat stuck in each other There remained nothing

anders over, dan het schaartje weer tevoorschijn te
else over then the scissors again into view to
left

halen en de baard af te knippen, waarbij een
fetch and the beard off to cut where-by a

klein gedeelte verloren ging.
small section lost went

Toen de dwerg dat zag, schreeuwde hij hun toe:
When the dwarf that saw screamed he them at

"Zijn dat manieren, slampampers, om iemands
Are that manners do-nothings for someone's
     those

aangezicht te schenden? Is het niet genoeg, dat de
countenance to violate Is it not enough that the

punt al van mijn baard is genomen? Nu
point already from my beard is taken Now

knippen jullie er het beste stuk af; ik kan me
cut you there the best piece off I can myself

gewoon niet vertonen aan de familie. Ik wou dat
simply not present to the family I wanted that
                                        wished

jullie moest lopen en je schoenzolen verloren
you had to walk and your shoe soles lost

hadden!" en toen haalde hij een zak vol parels,
had and then fetched he a bag full (of) pearls

die in 't riet lag, en zonder verder een woord
which in the reed lay and without further a word

te zeggen, sleepte hij die weg en verdween achter
to say dragged he that away and disappeared behind

een steen.
a stone

Kort daarna zond de moeder de beide meisjes
Shortly there-after sent the mother the both girls

naar de stad, om garen te kopen, naalden, band
to the city for yarn to buy needles band

en veters. De weg ging over de hei, en daar
and laces The road went over the heath and there

lagen hier en daar grote rotsblokken. Daar zagen
laid here and there large boulders There saw

ze een grote vogel in de lucht; hij ging langzaam
they a large bird in the sky he went slowly
it

in **kringen** **boven** **hun** **hoofd** **steeds** **dieper**
in   circles   above   their   head   continually   deeper

dalend, **eindelijk** **kwam** **hij** **op** **een** **rots** **in** **hun**
descending   finally   came   he   on   a   rock   in   their
                  went   it

nabijheid **neergestreken.**
proximity   perched
       to perch

Vlak **daarna** **hoorden** **ze** **een** **doordringende**
Right   there-after   heard   they   a   pervasive

jammerkreet. **Ze** **kwamen** **aanlopen** **en** **zagen** **tot**
wail   They   came   running up   and   saw   to

hun **schrik,** **dat** **de** **arend** **hun** **oude** **bekende,** **de**
their   scare   that   the   eagle   their   old   acquaintance   the

dwerg, **gepakt** **had** **en** **hem** **mee** **wilde** **nemen.** **De**
dwarf   caught   had   and   him   along   wanted   to take   The

medelijdende **kinderen** **hielden** **het** **mannetje**
compassionate   children   held   the   little man

dadelijk **vast,** **en** **sjorden** **zo** **lang** **aan** **die**
immediately   (in their) grip   and   dragged   so   long   on   that

arend dat hij zijn buit losliet.
eagle that he his booty released
              it

Toen de dwerg van zijn eerste schrik bekomen
When the dwarf from his first scare recovered

was, schreeuwde hij met een krijsende stem: "Kun
was screamed he with a screeching voice Can

je niet wat fatsoenlijker met me omgaan? Je
you not what more decent with me go around You
        somewhat   deal

hebt me getrokken aan mijn dunne jasje, zodat
have me pulled on my thin little jacket so that

het overal vol met gaten en scheuren zit;
it everywhere full with holes and tears sit
                  of

onhandige domoren die jullie zijn!"
clumsy dunces that you are

En toen nam hij een zak edelstenen en glipte
And then took he a bag (of) gems and slipped

weer onder de rots in z'n hol. De meisjes waren
again under the rock in his den The girls were

allang gewend aan zijn ondankbaarheid, ze
already long used to his ingratitude they

gingen verder en deden in de stad boodschappen.
went further and did in the city groceries

Op de terugweg kwamen ze weer de heide over,
On the way back came they again the heath over

en daar verrasten ze de dwerg, die op een
and there surprised they the dwarf who on a

mooi plekje de zak met edelstenen had
beautiful spot the bag with gems had

uitgeschud en geen ogenblik gedacht had, dat er
shaken out and no moment thought had that there

zo laat nog iemand langs zou komen. De
so late still someone along would come The

avondzon scheen in de schitterende stenen, ze
evening sun shone in the shining stones they

flonkerden en straalden zo prachtig, in alle
flickered and beamed so wonderfully in all

kleuren, dat de kinderen bleven staan en keken.
colors that the children remained stand and looked

"Wat staan jullie daar, alsof kijken niks kost!"
What stand you there as if looking nothing costs

schreeuwde de dwerg en z'n asgrauw gezicht
screamed the dwarf and his ashen face

werd purperrood van boosheid. Nu begon hij
became crimson of anger Now began he

vreemde woorden te mompelen, alsof hij een vloek
strange words to mutter as if he a curse

over de beide meisjes wilde uitspreken, toen
over the both girls wanted to pronounce when

opeens een luid gebrom weerklonk en een zwarte
suddenly a loud hum echoed and a black

beer uit 't bos kwam aandraven.
bear from the forest came trotting on

Vol schrik sprong de dwerg op, maar hij kon niet
Full scare jumped the dwarf up but he could not

meer   bij   zijn   schuilhoek   komen,   de   beer   was
(any)more   at   his   hideaway   come   the   bear   was

al   te   dichtbij.
already   to   close to

Toen   riep   de   dwerg   in   angst: "Lieve   beste   beer,
Then   called   the   dwarf   in   fear   Sweet   best   bear

vergeef   me,   ik   zal   u   al   mijn   schatten   geven,
forgive   me   I   shall   you   already   my   treasures   give

kijk   eens   naar   die   mooie   edelstenen,   die   daar
look   once   at   those   beautiful   gems   that   there

liggen.   Laat   mij   leven;   wat   heb   je   aan   mij,   een
lie   Let   me   live   what   have   you   on   me   a
                                               in

klein   onderkruipsel?   Je   proeft   me   nauwelijks
little   undercrawler   You   taste   me   hardly
           runt

tussen   je   tanden,   neem   liever   die   twee
between   your   teeth   take   rather   those   two

bemoeizuchtige   meisjes,   die   zijn   een   lekker
meddling   girls   those   are   a   nice

hapje   voor je, vet als jonge vogels; eet die op
little bite   for   you   fat   as   young   birds   eat   those   up

in vredesnaam."
in   peace's name
   (god's name)

De beer bekommerde zich niet om dit gepraat,
The   bear   cared   herself   not   for   this   talk

gaf het lelijk gedrocht een enkele slag met haar
gave   the   ugly   monstrosity   a   single   stroke   with   her

poot, en de dwerg bleef roerloos liggen.
paw   and the   dwarf   remained immobile   lie

De meisjes waren weggehold, maar de beer riep
The   girls   were   run away   but   the   bear   called
                          had

hen na: "Sneeuwwitje en Rozerood, wees maar
them   after   Snow white   and   Rose red   be   but

niet bang, ik ga met jullie mee!"
not   afraid   I   go   with   you   along

Nu herkenden ze de mooie zachte stem van de
Now   recognized   they   the   beautiful   soft   voice   of   the

beer, ze bleven staan, en toen de beer bij hen
bear they remained stand and when the bear at them

was, viel opeens het berevel weg en daar stond
was fell suddenly the bear-skin away and there stood

opeens een mooie prinses en ze was helemaal in
suddenly a beautiful princess and she was totally in

't goud gekleed.
the gold dressed

"Ik ben de dochter van de koningin," zei ze, "en ik
I am the daughter of the queen said she and I

was betoverd door die gemene dwerg, die mijn
was enchanted by that mean dwarf who my

schatten had gestolen; ik moest door de bossen
treasures had stolen I must through the forests
had to

lopen als een wilde beer, tot zijn dood me zou
walk like a wild bear until his death me would

verlossen, maar nu heeft hij z'n welverdiende
free but now has he his well-deserved

straf."
punishment

Sneeuwwitje is met haar getrouwd, en Rozerood
Snow white is with her married and Rose red

met haar broer; wat ze wel met elkaar deelden
with her brother what they well with each other share
did share

waren de schatten, want de dwerg had alles
were the treasures because the dwarf had everything

in z'n hol gesleept.
in his den dragged

De oude moeder leefde nog heel lang en gelukkig
The old mother lived still very long and happy

bij haar kinderen in het paleis van de prinses en
with her children in the palace of the princess and

de prins. Maar ze nam de twee rozeboompjes
the prince But she took the two little rose trees

mee, en die stonden voor haar venster en
along and those stood in front of her window and

bloeiden jaar op jaar met de mooiste rozen,
flourished year on year with the most beautiful roses

wit en rood.
white and red

www.ingramcontent.com/pod-product-compliance
Lightning Source LLC
LaVergne TN
LVHW020055090426
835513LV00029B/1537